Volksmärchen aus Europa

ドイツ語で楽しむ
世界昔ばなし

小山田裕子＝ドイツ語訳・解説

副島郁子＝コラム執筆

IBC パブリッシング

装幀・イラスト ＝浅井麗子

ナレーター ＝Thomas Feil

本書を手に取られた方は、ドイツ語圏の文化、街、歴史、自然、あるいはスポーツなどに関心を持っていると思います。また、第二外国語として勉強していたり、仕事で必要になってという方もいらっしゃるでしょう。音楽や美術、映画、自動車をはじめとするさまざまドイツブランドの商品、日本人選手も多く在籍するサッカー・ブンデスリーガなど、ドイツは日本人が親しみを持つ、ヨーロッパの国の一つです。

そのヨーロッパの現在の状況を見ると、中東からの難民の流入や、それに起因する各国での右派勢力の台頭、英のEU離脱決定による影響など、先行き不透明です。そうした中、フランスと並びEUの中核を成すドイツは、今後もますます国際的な関心を集めるでしょう。2017年秋には総選挙が予定されており、メルケル首相の4期続投成るかが注目されます。

さて、本書は私たちがよく知るヨーロッパの昔話5編をドイツ語で読み、聞いていこうというものです。どれもおなじみの話ばかりですが、調べてみると時代の流れとともに様々なバリエーションが生まれていることがわかります。三匹の子豚や白雪姫も、１９世紀の初版本から、次第に子供にとって残酷だと思われる結末に変更が加えられ、現代の子どもたちに読まれています。また昔話を題材にした映画にも枚挙にいとまがありませんが、主人公を現代にマッチした自立的で強い女性像に変えたものが目立ちます。昔話は時代の流れや社会的要請も柔軟に受け止め、変化しつつ、現代に受け継がれているといえます。そうした奥深い昔話を是非ドイツ語で楽しんで下さい。

まずは音から入りましょう。CDのネイティブスピーカーの発音をよく聞き、文全体のイントネーションやスピードに耳を慣らして下さい。次に実際に音読してみます。場面を頭に浮かべ、登場人物の気持ちになってセリフを言ってみましょう。個々の単語やフレーズの発音の注意点は各ページ下の音読のつぼを参照して下さい。さあ、では昔話の世界へどうぞ！

小山田　裕子

はじめに

音読によって、頭の中にドイツ語回路をつくる!

　音読は、テキストを読むことで「目」を、声に出すことで「口」を、自分が音読した声を聞くことで「耳」を使っています。脳のメカニズムからも、より多くの感覚を使った方が、記憶力が良くなることがわかっています。

　音読は脳のウォーミングアップになり、学習能力が高まります。前頭前野を全体的に活性化させる音読には、抜群の脳ウォーミングアップ効果があり、脳の学習能力、記憶力を高めるという実証済みのデータがあります。

トレーニングメニュー基礎編　リスニング力強化

　以下の手順で、トレーニングを行ってください。音読によるドイツ語回路の育成が、リスニング力の向上につながることが実感できるはずです。

1 CDを聴く

　本書に付属のCD-ROMには、それぞれの話を通しで収録したものと、1話の中で段落や会話の区切りといった、短いトラックごとに音声ファイルを分けたものがあります。まず、1話を通しで聴いて、どの程度理解できるかを確認してください。

2 日本語訳の音読

　日本語訳を、内容を理解しながら音読しましょう。

3 細かいトラックごとにドイツ語の文の音読

　トラックごとに短く分けられた音声ファイルを使って、ドイツ語の文を目で追いながら、単語の発音を確認しましょう。次に、そのトラックのドイツ語の文を音読します。このドイツ語の文の音読を最低で3回は繰り返

してください。

　ドイツ語の文を音読する際に大切なことは、気持ちを込めて意味を感じながら声に出すことです。登場人物になりきって、魂を込めて音読すると、身体に染み込む度合いが高まります。

４ 通しで聴く

　再度、１話を通しで聴いて、どの程度内容を理解できるようになったかを確かめてください。

５ トラックごとに聴き直す

　４で理解しづらかったトラックのファイルを再度聴き直し、さらに音読を繰り返してください。ドイツ語がはっきり、ゆっくりと聞こえてくるようになるはずです。

トレーニングメニュー応用編　読む、話す、書く力の強化

　基礎編の後に以下のトレーニングを加えることで、リーディング力・スピーキング力・ライティング力を高めることができます。

● ドイツ語の文の黙読でリーディング力アップ

　ドイツ語の文を声に出さずに、なるべく速く黙読します。

　目をドイツ語の文の途中で止めたり、戻ったりせずに、左から右に流れるように動かしながら、ドイツ語の文の内容を理解していきます。

● シャドウイングでスピーキング力アップ

　シャドウイングとは、テキストを見ずに、聞こえてきたドイツ語をわずかに遅れながら話していくトレーニングです。影のようについていくことから、シャドウイングと呼ばれています。英語の習得によく使われている

方法です。

　短く分けたトラック・ファイルを順番に流しながら、そのファイルごとにシャドウイングに挑戦してみましょう。意味を理解しながら、CDに遅れずに話すことが目標です。

● ドイツ語文の速写でライティング力アップ

　トラックごとに、テキストを見ながら音読し、次に、テキストを見ずにドイツ語の文を声に出しながらノートに書きます。できれば筆記体を最初に身につけておくと素早く書けるようになります。

　「話すように書く」のがライティングの基本です。声に出すことで、身に付いたドイツ語のリズムを助けとすることができ、さらに書くことによって、語彙・文法が定着してきます。

　以上のようなトレーニングを繰り返せば、ドイツ語回路が育成され、ドイツ語力が高まっていきます。

音読のつぼ

　以下は各物語を音読するとき、読み聞かせをするときに気をつけておきたい共通点です。これらのつぼを認識しながら、声に出すことであなたのドイツ語はさらにネイティブスピーカーに近づきます。物語ごとの音読のつぼは各ページの下にあります。

つぼ　その1

　ドイツ語は、母音、子音、アクセントの位置などのいくつかのポイントを知れば、発音自体はさほどむずかしくありません。このポイントさえマスターすれば、ほぼ綴りどおりに読むことができます。ただし、子音については説明の際にカタカナで書いたものはあくまで参考程度にとどめ、できるだけネイティブの発音をよく聞いて、その音に近づけるようにすることが大事です。日本語で使われない音を文字で表現するには限界があるからです。重要なポイントは各物語の音読のつぼで重複して説明してあります。文を目で追いながら一緒に発音する、発音すると同時に文の構成やスペルを確認するという作業を繰り返すことで、ドイツ語のリズムやイントネーションが次第に身についていきます。

つぼ　その2

　発音練習は顔全体を使ってやってみましょう！

　ドイツ語には発音そのものが難しい音はさほどありませんから、あれ、意外と簡単だな、と思うことも多いでしょう。その代わり、当然ながら日本語では使われない音、使われる頻度が少ない音、似ているけれど違う音がたくさんあります。さらにそれらの複数の要素が結びついて一つの単語になっていると、やはり練習が必要です。たとえば母音ではウムラウト、子音では下唇の内側に前歯を当てる、上前歯付け根に舌をつける、喉の奥

本書の使い方

で息をかすらせる、のどひこ（口蓋垂）を震わせる、複数の子音のコンビネーションを発音するなどの場合です。

また総じて、日本語に比べて口を縦や横に大きくあけたり、唇を緊張させたり突き出したりしますから、鏡で顔を見ながら発音練習することもおすすめです。同じような音でも日本語との違いがわかります。顔や口まわりの筋肉を意識して、始めは慣れなくても形から入る！という気持ちでやってみましょう。

つぼ その3

ドイツ語は外来語を除いて、アクセントはほぼ最初の音節にありますから、単語レベルでの発音はほぼ問題ありません。しかし文全体となると話は変わってきます。

たとえば Ich habe meinen Bruder besucht. という文を見てましょう。個々の単語のアクセントは、habe meinen Bruder besucht にあります。しかし文としてのアクセントは Bruder と besucht に置かれます。

またドイツ語では関係代名詞は定冠詞とほぼ同じであること、名詞の繰り返し使用を避けるための名詞省略があることなどから、たとえば同じ den という単語でも、文中での役割によってアクセントの置かれ方が変わります。さらにドイツ語の平叙文では時間や場所、動詞の目的語やその他、何でも文頭に置くことができ、アクセントも置かれます。こうした特徴は英語にはないものですので、慣れるまでは少しむずかしいかもしれません。文のリズムやイントネーションはネイティブの発音をできるだけ大量に聞き、それを真似して繰り返し口に出して言ってみることで身につきます。そして、正しいリズムやイントネーションが身につくことによって、今度はさらにリスニング力が増すという好循環ができます。まずCDをよく聞いて、真似して読んでみる、さらにCDに合わせて言ってみるシャドーイングのプロセスで練習してみて下さい。では、Viel Erfolg!

細かく分けた音声の
ナンバー

通しの音声の
ナンバー

金の斧
Der Holzfäller und Hermes

Es war einmal ein Holzfäller, der unten im Tal Bäume fällte. Daneben brauste ein Fluss. Plötzlich rutschte ihm die Axt aus den Händen und fiel ins Wasser.

Er war arm und die Axt war sein einziges Werkzeug. „Was soll ich machen?" Er setzte sich ans Ufer und jammerte.

Da erschien der Gott Hermes. Der fragte den Holzfäller, warum er so bitterlich weine.

Zwar war der Holzfäller sehr überrascht, freute sich aber auch. Er erzählte Hermes, was ihm passiert war. Der Gott bekam Mitleid. Hermes tauchte in den Fluss und nach einer Weile brachte er eine goldene Axt zurück. Er fragte den Holzfäller:

„Ist das deine Axt, die ins Wasser fiel?"

„Nein, meine Axt ist nicht so prächtig" antwortete er.

色がついた単語や文節は、
ページ下部の「音読のつぼ」
に説明があります

覚えておきたいドイツ語表現

① zwar ~, aber ~ 「たしかに~だが、しかし~」

Zwar war der Holzfäller sehr überrascht, freute sich aber auch. (p.14, 下から5行目)
きこりはたいそう驚きましたが、同時にうれしくもありました。

zwarはaberのほかにdochなどとも呼応して使われます。ただしdochではaberと違い、主語と動詞の位置が入れ替わるので注意しましょう。

［例文］Zwar war sie dabei, aber sie hat nichts gesehen.
彼女はたしかにそこにいたが、何も見なかった。

Frank ist zwar klein, doch hat er große Kräfte.
フランクは小柄だが力は強い。

② jm. passieren 「~の身に起こる、降りかかる」

Er erzählte Hermes, was ihm passiert war. (p.14, 下から7行目)
彼はヘルメスに何が起きたかを話しました。

passierenはgeschehenと同じく、「事件、災害などが起こる、発生する」という意味です。どちらの動詞も現在完了形ではhabenではなくsein...過去分詞という形になります。

［例文］Was ist dir passiert?
どうしたんですか？

Das kann auch dir passieren.
それは君の身にも起こるかもしれないよ。

Mir ist ein Missgeschick passiert.
私は不運な目にあった。

丸数字がついた語句は、
各物語の後ろに解説が
あります

【付属 CD-ROM について】

本書に付属の CD-ROM は MP3 形式になっており、
パソコンや MP3 プレーヤーで聴くことができます。
音声の転送・再生につきましてはお使いの機器の
説明書をご参照ください。
※このディスクは CD プレーヤーでは使用できません。

収録時間 1 時間 57 分 25 秒

目次

金の斧

Der Holzfäller und Hermes

Es war einmal ein Holzfäller, der unten im Tal Bäume fällte. Daneben brauste ein Fluss. Plötzlich rutschte ihm die Axt aus den Händen und fiel ins Wasser.

Er war arm und die Axt war sein einziges Werkzeug.

„Was soll ich machen?" Er setzte sich ans Ufer und jammerte.

Da erschien der Gott Hermes. Der fragte den Holzfäller, warum er so bitterlich weine.

Zwar war der Holzfäller sehr überrascht, freute sich aber auch. Er erzählte Hermes, was ihm passiert war. Der Gott bekam Mitleid. Hermes tauchte in den Fluss und nach einer Weile brachte er eine goldene Axt zurück. Er fragte den Holzfäller:

„Ist das deine Axt, die ins Wasser fiel?"

„Nein, meine Axt ist nicht so prächtig" antwortete er.

音読の
つぼ

Daneben：ドイツ語には da と前置詞が結びついた語がたくさんあります（darauf, dabei, dagegen, daran, darüber など）。これらの語では一般に da ではなく前置詞の方にアクセントがあるので覚えておきましょう。tauchte, brachte, prächtig：ch の発音には 2 種類あります。1 つは a, o, u, au の後の ch で、喉の奥で息を摩擦させて出します。息を切らしたときの「ハ

昔々あるところに一人の木こりがいました。木こりは深い谷間で木を切っていました。その横では川がごうごうと流れていました。そのとき不意に手が滑り、木こりは斧を川に落としてしまいました。

　木こりは貧しく、斧はたった一つの仕事道具でした。
　「いったいどうしたらいいんだろう？」木こりは川岸に座り込んで泣き出してしまいました。

　そのとき神様が現れました。ヘルメスという神様です。ヘルメスは木こりに、どうしてそんなに泣いているのか尋ねました。
　木こりはたいそう驚きましたが、同時にうれしくもありました。木こりはヘルメスに何が起きたか話しました。
　ヘルメスは木こりを可哀想に思いました。そこで川に潜ると、金の斧を手に再び現れて、こう尋ねました。

　「おまえが落としたのはこの斧か？」
　「いいえ、ちがいます。私の斧はそんな立派なものではありません」木こりは答えました。

アッ、ハアッ」というときのような音です(Bach, Kuchen, Loch など)。もう 1 つはそれ以外のch で、舌と上あごの間で息をかすらせて出す「ヒッ、ヒッ」という音です。日本語の「ヒ」より息を多めに強く吐き出すイメージです(ich, Bücher, Chemie など)。

Der Gott lächelte und tauchte wieder ins Wasser. Diesmal kam er mit einer silbernen Axt zurück und fragte ihn:

„Ist das deine Axt, die ins Wasser fiel?"

„Nein, mein lieber Gott, meine Axt ist armseliger als die in Ihren Händen."
④

Hermes lächelte, ohne ein Wort zu sagen und tauchte zum dritten Mal in den Fluss.

Endlich holte er die eiserne Axt nach oben, die der Holzfäller verloren hatte, und fragte ihn:

„Ist das deine Axt, die ins Wasser fiel?"

„Ja, genau! Das ist meine Axt! Wie soll ich Ihnen danken? Vielen, vielen Dank! Sie haben mich gerettet."

Der Holzfäller hüpfte vor Freude auf und ab und dankte Hermes herzlich.

音読の
つぼ

die : この die は、die Axt の Axt を省略した言い方で、「ディー」とアクセントが置かれます。ドイツ語ではこのように「定冠詞＋名詞」「dieser＋名詞」で何を指しているか明らかな場合に「名詞」が省略されることがあります。

ヘルメスはにっこりすると、再び川に潜りました。そして今度は銀の斧を持って現れると、木こりに尋ねました。

「おまえが落としたのはこの斧か？」
「いいえ、ヘルメス様、私の斧はあなた様がお持ちのものよりずっとみすぼらしいものです」
　ヘルメスは黙って微笑むと、三たび川へと消えました。

　そしてやっと今度は木こりが落とした鉄の斧を持って現れました。
「おまえが落としたのはこの斧か？」
「はい、そうです！　それが私の斧です！　なんとお礼を言ったらいいのでしょう？　本当にありがとうございます。あなた様のおかげで救われました」
　木こりは喜びのあまり飛び跳ね、心からヘルメスに礼を言いました。

Der Gott freute sich an der Aufrichtigkeit des Holzfällers und sagte:

„Du bist ein ehrlicher Mensch. Ich will dich für deine Redlichkeit belohnen. Hier gebe ich dir nicht nur deine Axt, sondern auch die zwei anderen. Du darfst alle drei Äxte haben."

Hermes gab sie ihm und verschwand.

Zuerst begriff der ehrliche Holzfäller nicht, wie ihm geschah. Doch während er die Äxte genau ansah und sie berührte, begriff er langsam, dass das kein Tagtraum war. Er ging nach Hause zurück. Zu Hause erzählte er seiner Frau und den Kindern diese erstaunliche Geschichte, die sich daraufhin in kurzer Zeit im ganzen Dorf verbreitete.

Es gab noch einen anderen Holzfäller unter den Dorfleuten, der sehr geizig war. Als er von der Geschichte des ehrlichen Holzfällers hörte, dachte er:

„Ich will auch eine goldene und silberne Axt kriegen!"

音読の
つぼ

nicht nur ～, sondern ～ の文です。Axt の語尾を軽く上げて言います。Doch ...：従属の接続詞 während で始まる副文が前に、主文が後ろにくる形ですので、副文の文末で語尾が軽く上がります。

18

ヘルメスは木こりの誠実さに嬉しくなってこう言いました。

　「おまえは正直者だ。その正直な心にほうびを与えよう。おまえ
の斧だけでなく、他の２つの斧も受け取るがよい。３つとも全部お
まえのものだ」

　ヘルメスは木こりに３本とも渡すと、姿を消しました。

　正直者の木こりは、はじめ何が起きたのかよくわかりませんでし
た。けれど、もらった斧をよくよく眺め、触ったりしているうちに、
これは夢ではないとわかりました。木こりは斧を持って家に帰りま
した。そして妻や子供たちにこの不思議な話を聞かせました。する
と噂はあっという間に村中に広まりました。

　さて、村には他にもう一人木こりがいました。でもこの木こりは
とても欲張りでした。正直な木こりの話を耳にすると、こう思いま
した。
　「おれも金と銀の斧を手にいれてやろう」

Eines Morgens ging er zum Fluss. Er warf mit Absicht seine Axt ins Wasser, setzte sich ans Ufer und jammerte.

Da erschien Hermes wieder und fragte ihn:

„Warum weinst du so bitterlich?"

Der geizige Holzfäller erzählte Hermes, was ihm passiert war. Der Gott tauchte in den Fluss und nach einer Weile holte er eine goldene Axt nach oben und fragte ihn:

„Ist das deine Axt, die ins Wasser fiel?"

Der unehrliche Holzfäller schrie vor Freude auf:

„Ja, genau! Das ist meine Axt!"

Über diese freche Lüge ärgerte sich Hermes. Er gab ihm weder die goldene Axt noch seine eigene zurück. Der Gott verschwand ohne ein Wort.

Diese Geschichte zeigt folgendes: Wie sehr die Gottheit auch dem Ehrlichen hilft, so sehr stellt sie sich dem Unehrlichen entgegen.

音読の
つぼ

Er warf ... jammerte：わざと斧を投げる、岸に座る、おいおい泣くという一連の動作を描写しています。イントネーションは ins Wasser ↗ ans Ufer ↗ und → jammerte ↘ となります。Das ist ...：これは自分のだ！と主張するセリフですので、meine Axt を思い切り強調して言ってみましょう。

ある朝、欲張りな木こりは川に行き、わざと斧を川に投げ込みました。それから岸に座り、おいおいと泣き出しました。

　するとまたヘルメスが現れ、木こりに尋ねました。
「なぜそんな泣いているのだ？」
　欲張りな木こりは何が起きたのか話しました。ヘルメスは川の中に消え、しばらくして金の斧を持って再び現れると、木こりに尋ねました。

「おまえが落としたのはこの斧か？」
　木こりは大喜びでこう叫びました。
「そのとおりです！　それが私の斧です！」
　ヘルメスは、木こりがぬけぬけと嘘をついたのに腹をたてました。そして金の斧どころか、木こりが落とした鉄の斧も返さずに、黙って姿を消してしまいました。

　このお話を読めばわかるでしょう。神様は正直な者には優しく手をさしのべてくれますが、嘘つき者にはそれと同じくらい、厳しい態度を示すのです。

① zwar ~, aber ~ 「たしかに〜だが、しかし〜」

Zwar war der Holzfäller sehr überrascht, freute sich aber auch. (p.14, 下から8行目)

きこりはたいそう驚きましたが、同時にうれしくもありました。

zwarはaberのほかにdochなどとも呼応して使われます。ただしdochではaberと違い、主語と動詞の位置が入れ替わるので注意しましょう。

[例文] Zwar war sie dabei, aber sie hat nichts gesehen.
　　　　彼女はたしかにそこにいたが、何も見なかった。

Frank ist zwar klein, doch hat er große Kräfte.
フランクは小柄だが力は強い。

② jm. passieren 「〜の身に起こる、降りかかる」

Er erzählte Hermes, was ihm passiert war. (p.14, 下から7行目)

木こりはヘルメスに何が起きたか話しました。

passierenはgeschehenと同じく、「事件、厄災などが起こる、発生する」という意味です。どちらの動詞も現在完了形ではhabenではなくsein...過去分詞という形になります。

[例文] Was ist dir passiert?
　　　　どうかしたんですか？

Das kann auch dir passieren.
それは君の身にも起こるかもしれないよ。

Mir ist ein Missgeschick passiert.
私は不運な目にあった。

③ **Mitleid bekommen**「同情を覚える」

Der Gott bekam Mitleid.（p.14, 下から6行目）
ヘルメスは木こりを可哀想に思いました。

mit jm. Mitleid fühlen/empfinden/verspüren「〜に同情する」、また、et⁴.
aus Mitleid tun「気の毒に思って〜する」、js. Mitleid erregen/erwecken「〜の
同情をひく」などの表現もあります。

[例文] Alle haben großes Mitleid mit dem alten Mann verspürt.
だれもがその老人をとても気の毒に思った。

④ **ohne ein Wort zu sagen**「一言も言わずに」

Hermes lächelte, ohne ein Wort zu sagen...（p.16, 7行目）
ヘルメスは黙って微笑むと……

[例文] Sie verließ das Zimmer, ohne ein Wort zu sagen.
彼女は一言も言わずに部屋を出た。

Ohne ein Wort des Dankes zu sagen, nahm er das Geld.
彼は一言の礼も言わずに金を受け取った。

⑤ sich⁴ freuen「喜ぶ、うれしく思う」

> Der Gott freute sich an der Aufrichtigkeit des Holzfällers …（p.18, 1行目）
>
> ヘルメスは木こりの誠実さに嬉しくなって……

sich⁴ freuen は結びつく前置詞によって意味が変わってきます。
an et.³ ～「（目の前の出来事や、今起きていることに関して）～を喜ぶ、楽しく思う」、auf et.⁴ ～「（これから起きることに関して）～を楽しみにする」、über et.⁴ ～「（すでに起こったことや結果について）～を喜ぶ」

[例文] Wir haben uns an den schönen Kirschblüten gefreut.
私たちは美しい桜を楽しんだ。

Ich freue mich schon darauf, uns bald wieder zu treffen.
近いうちにまた会えるのを楽しみにしているよ。

Sie freut sich sehr darüber, dass ihr Bruder das Spiel gewonnen hat.　彼女はお兄さんが試合に勝ってとても喜んでいる。

⑥ nicht nur ~, sondern ~「～だけでなく、～も」

> Hier gebe ich dir nicht nur deine Axt, sondern auch die zwei anderen.（p.18, 4行目）
>
> おまえの斧だけでなく、他の2つの斧も受け取るがよい。

日常会話でも頻繁に登場する表現です。

[例文] Das Mädchen war nicht nur schön, sondern auch mutig.
その少女は美しいだけでなく、勇敢だった。

Nicht nur die Kinder, sondern auch die Erwachsenen haben gesungen.　子ども達だけでなく、大人も歌った。

⑦ von jm./et.^{3} et.^{4} hören 「～について～を耳にする」

Als er von der Geschichte des ehrlichen Holzfällers hörte,
…（p.18，下から4行目）

（欲張りな木こりは）正直な木こりの話を耳にすると……

davon hören の形もよく使われます。

[例文] Von dieser Sache habe ich noch nichts gehört.
その件についてはまだ何も聞いていない。

Davon habe ich schon öfter gehört.
それについては何度か聞いてるよ。

Davon will er nichts mehr hören.
彼はそんなこともう聞きたくない。

Ich habe schon lange nichts mehr von ihr gehört.
私は長い間彼女の消息を聞いていない。

雄弁はプラチナ？

　金と銀を並べる諺で最も有名なのは「沈黙は金、雄弁は銀」ではないでしょうか。ドイツ語では „Reden ist Silber, Schweigen ist Gold." 「雄弁は銀、沈黙は金」と並び方は変わりますが、意味は同じです。

　しかしこれを現実のドイツでの生活に即して考えてみると、「雄弁はプラチナ、沈黙は鉛」と言いたくなってしまいます。「話す」ことは単に自分の考えを音声にするという行為以上の、会話に積極的に参加したいという意思表示。たとえ内容がくだらなくても、黙っているよりは評価される気がします。外国人が正確なドイツ語を話すことは最初から期待されていませんから、冠詞や文法が間違っていても全く構わないのです。ついでに言えば「雄弁」である必要なんてありません。考えていることを知っている単語を使って、自分のペースで、はっきり発音すればいいだけです。

　部屋の隅で黙っているより、ひと言発してみませんか？ „Übung macht den Meister." 「名人も練習次第」です。

ジャック
と
豆の木

Jack und die Bohnenranke

Es war einmal ein Junge namens Jack, der mit seiner Mutter zusammenwohnte. Sein Vater war längst tot. Sie arbeiteten sehr viel auf einem kleinen Hof, doch es wurde für sie immer schwieriger, das tägliche Brot zu verdienen.

Eines Tages entschied sich die Mutter, die alte Kuh zu verkaufen, die ihnen als einziges Vermögen geblieben war.

Bevor Jack das Haus verließ, gab ihm die Mutter einen Rat.

„Hör mal gut zu, Jack! Lass Dich von den Leuten am Markt nicht betrügen. Du sollst ihnen sagen, dass Du mindestens 10 Silbermünzen für sie willst. Kapiert?"

Dann nahm Jack die Zügel in die Hand und machte sich auf den Weg zum Markt.

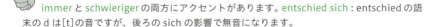

音読の
つぼ

immer と schwieriger の両方にアクセントがあります。entschied sich : entschied の語末の d は [t] の音ですが、後ろの sich の影響で無音になります。

昔々、ジャックという男の子がお母さんと暮らしていました。お父さんはとうに死んでいました。ジャックとお母さんは小さな農場で身を粉にして働いていましたが、日々の暮らしは厳しくなる一方でした。

　ある日、お母さんは家に残っていた最後の財産の年老いた雌牛を売ることに決めました。

　牝牛を売るためにジャックが出かけようとすると、お母さんは息子にこう忠告しました。
　「いいかい、よくお聞き！　市場の連中にだまされるんじゃないよ。少なくとも銀貨十枚は欲しいと言うんだ。わかったかい？」

　ジャックは牝牛の綱を引いて市場へ出かけて行きました。

Nach einer Weile traf er einen kleinen alten Mann, der am Stock ging und dessen Hüften völlig verbogen waren.

„Guten Tag, mein Junge! Wohin gehst du denn?" fragte der alte Mann.

„Guten Tag, Herr! Ich gehe zum Markt, um diese Kuh zu verkaufen. Ich hoffe, dass sie teuer verkauft wird."

„Die werde ich kaufen, wenn du willst. Dafür gebe ich dir diese Bohne."

„Machen Sie bitte keine Witze!" rief Jack. „Ich will mindestens 10 Silbermünzen. Meinen Sie, dass Sie diese Kuh bloß für eine Bohne kriegen werden?"

„Genau! Das ist ja keine gewöhnliche Bohne, sondern eine Zauberbohne! Deren Ranke wird über Nacht bis zum Himmel wachsen."

„Bis zum Himmel?" wiederholte Jack.

Schon nur der Gedanke, dass er eine Zauberbohne bekommen würde, machte Jack aufgeregt. Er gab ihm die Kuh für die Bohne und kam guter Laune nach Hause.

音読の
つぼ

　　Stock：語頭の st , sp は「スt」「スp」ではなく、「シュt」「シュp」と発音します。Die ：これは die Kuh の Kuh が省略されている形で、「ディー」とはっきり発音します。次の ich も、「このわしが」という気持ちから、アクセントが置かれます。Witze：「ヴィッツェ」。tz,

しばらくしてジャックは背の小さなお爺さんと出くわしました。腰はすっかり曲がり、杖をついています。

　「やあ、おまえさん、どこへ行くんだね？」お爺さんが尋ねました。

　「こんにちは、お爺さん。これから市場にこの牝牛を売りに行くところなんです。高く売れるといいんですけど」

　「よければわしがその牝牛を買おう。代わりにこの豆をやるぞ」

　「冗談はやめて下さい！」ジャックは叫びました。「少なくとも銀貨十枚はほしいんです。そんな豆一粒で牝牛を手に入れようと思っているんですか？」
　「そのとおりじゃ。この豆はただの豆ではない、魔法の豆だ。一晩でツルが天まで伸びるぞ」

　「天まで伸びる……」ジャックは繰り返しました。
　魔法の豆を手に入れられると考えただけで、ジャックはワクワクしました。そして豆と引き換えにお爺さんに牝牛をあげ、上機嫌で家に帰りました。

ts, ds はすべて「ツ」と発音します。Katze カッツェ、nachts ナハツ、abends アーベンツ。
Zauberbohne：Zauber（魔法）＋ Bohne（豆）が結びついてできた複合語です。複合語ではアクセントはほとんど最初の単語に置かれるので、Zauber にアクセントがきます。

Er war mit dem Tausch ganz zufrieden gewesen, aber nur bis er die Mutter ansah.

Als Jack ihr alles erzählte, brach sie in Zorn aus und schimpfte bitterlich auf ihn ein.

Schließlich setzte sie sich gebrochen auf den Stuhl und begann zu weinen.

„Warum wurde ich so einfach betrogen?" Jack schämte sich und warf die Bohne aus dem Fenster. Dann schlief er mit ungutem Gefühl ein.

Am nächsten Morgen stand Jack früher als die Mutter auf. Er erschrak, als er einen großen Baumstamm vor dem Fenster sah. Er ging aus dem Haus hinaus. Jack kam zum Stamm heran, guckte ihn genau an und merkte, dass es kein Baumstamm sondern eine riesige Bohnenranke war. Sie war der Wand entlang gewachsen und die Spitze reichte bis über die Wolken. Ohne Zögern begann Jack die Bohnenranke hinaufzuklettern. Er kletterte immer höher, bis er endlich die Wolken erreichte, auf denen sich ein riesiges Schloss befand. Aus Neugier ging er in das Schloss hinein.

音読の
つぼ

ganz の z と zufrieden の z がくっついて、ガンツーフリーデンと聞こえます。Schließlich：sch「シュ」に続けてすぐに l（舌先を上前歯の裏にしっかりつけて）を発音します。「シュリ」と母音が入らないように注意しましょう。früher als die Mutter：この４語で「お母さんより早く」の意味ですから、ひとまとまりとしてなめらかに読みましょう。

ジャックはうまい取引をしたと満足していましたが、それもお母さんの顔を見るまででした。

　お母さんは話を聞くと、カンカンに怒ってジャックをののしりました。

　そして最後には椅子にガックリ座り込んで泣き出しました。

　「僕はどうしてこんなに簡単にだまされてしまったんだろう？」
ジャックは自分が恥ずかしくなり、豆を窓の外に放り投げました。
そして落ち込んだ気持ちのまま眠りにつきました。

　次の朝、ジャックはお母さんより先に起きました。そして、窓の外の巨大な木の幹を見てビックリしました。ジャックは外に出ました。木の幹に近づき、よくよく見てみると、それは木の幹ではなく、巨大な豆のツルだということに気が付きました。ツルは家の壁に沿って伸び、てっぺんは雲の上にまで達しています。ジャックは迷うことなくツルを登り始めました。

　どんどん上に登って行き、とうとう雲にたどり着きました。目の前には大きなお城がありました。ジャックは好奇心にかられて、お城の中へ入っていきました。

Im Schloss war es so prächtig, dass es ihm so schien, als ob ein Prinz oder ein König hier wohnen würde. Während Jack ein Zimmer nach dem anderen anschaute, stieß er plötzlich auf eine Riesin. Er erschrak sehr, sagte aber gelassen:

„Guten Tag! Geben Sie mir bitte etwas zu essen! Ich sterbe fast vor Hunger."

„Mein Gott! Woher bist du gekommen? Wozu bist du hier? Mein Mann ist ja ein Oger, ein Menschenfresser. Du wirst gleich selbst aufgefressen werden!"

Kaum hatte Jack ihr geantwortet, hörte er ein großes Getrampel: bum, bam, bum, bam!

お城の中はたいそう豪華で、まるで王子や王様が住んでいるかのようでした。ジャックがひと部屋ひと部屋見て回っていると、突然大女と出くわしました。ジャックはとても驚きましたが、落ち着き払って言いました。

「こんにちは！　何か食べ物をもらえませんか？　おなかがすいて死にそうなんです」
「おやまあ！　あんたどこから来たのさ？　ここに何しに来たんだい？　あたしの亭主は人食い鬼なんだ。あんたに食べ物をやるどころか、あの人があんたをペロリとたいらげちまうよ」

　大女に答える間もなく、ものすごい音が聞こえてきました。ズシン！　ドシン！　ズシン！　ドシン！

„Schnell! Versteck dich hinter dem Geschirrschrank!" rief sie.

Blitzschnell versteckte er sich dahinter. Bald erschien der Oger, der ein fettes Schaf in einer Hand und mehrere Beutel in der anderen hatte. Als er die Beutel in die Ecke warf, fielen mehrere Dutzend Goldmünzen heraus.

Sobald er die Küche betrat, begann er herumzuschnüffeln und sagte:

„Es riecht nach frischem Fleisch! Es riecht nach frischem Fleisch!"

„Aber natürlich!" sagte die Riesin. „Es riecht nach dem Schaf, das du mitgebracht hast. Gib mir es schnell her, damit ich kochen kann."

Der Oger gab ihr das Schaf und sie kochte es. Er aß das Gericht auf und ging zufrieden zum Mittagsschlaf. Jack kam leise hinter dem Geschirrschrank hervor, griff einen der Beutel mit Goldmünzen und lief schnell davon.

音読の
つぼ

frischem：r の発音の仕方には、①喉の奥ののどひこ（口蓋垂）を震わせる、② Macht や doch というときの息を切らしたときの「ハアッ、ハアッ」の音を、声を出して発音する、③舌先を震わせる、の３つのやり方がありますので、発音しやすいやり方で言ってみましょう。Fleisch：「フラ」というふうに f と l の間に母音が入らないようにしましょう。下唇の内側に

「さあ早く！　食器棚の裏にかくれるんだよ！」人食い鬼のおかみ
さんが叫びました。

　ジャックはすぐにそのとおりにしました。やがて人食い鬼が現れ
ました。鬼は一方の手には太った羊を、もう一方の手にはたくさん
の袋を持っていました。鬼がその袋を部屋の隅に放り投げると、袋
から何十枚もの金貨がこぼれ出ました。

　台所に入るなり、鬼はクンクンと匂いを嗅いで言いました。

　「新鮮な肉の匂いがする！　こりゃ新鮮な肉の匂いだ！」

　「そりゃそうさ！」　おかみさんは答えました。「おまえさんが持っ
てきた羊の匂いさ。さあ、料理するから早くその羊をおくれ！」

　鬼が羊を渡すと、おかみさんはそれを料理しました。鬼はでき
た料理をたいらげると、満足して昼寝しようと出ていきました。
ジャックは食器棚の裏からそっと出て、金貨の入った袋をつかむと、
一目散に逃げ出しました。

歯を軽く当てて息を出す[f]に続けて、舌先を上前歯内側にしっかりつけて[l]の音を出します。
Aber natürlich! : この aber は、「だが、しかし」という意味ではなく、話し手の主観的心情を
反映して驚きや意味を強める語で、アクセントはもちません。本文では natürlich「もちろん、
当然だ」という言葉を強めています。

Die Mutter hatte sich inzwischen große Sorgen um Jack gemacht und war auf der Suche nach ihm herumgelaufen. Sie sah Jack an der Bohnenranke hinunter klettern und war sehr überrascht. Sie lief auf ihren Sohn zu und umarmte ihn.

„Siehst du, Mutti, das war eine echte Zauberbohne! Das ist für dich!" sagte Jack und gab ihr den Beutel mit Goldmünzen. Zum Himmel hinaufblickend dankte sie Gott dafür, dass er ihr solch einen klugen Sohn geschenkt hatte. Mit den Goldmünzen des Ogers lebten sie eine Zeit lang glücklich und zufrieden.

Doch nach einigen Monaten war das Geld zu Ende. Da beschloss Jack, noch einmal zum Schloss des Riesen zu gehen und kletterte wieder an der Bohnenranke hinauf. Er erreichte das Schloss, fand die Riesin wieder in der Küche und begrüßte sie:

音読の
つぼ

auf der … , Zum Himmel … : 意味は「ジャックを探して」、「空を見上げながら」。どちらもひとつのまとまりとして読みます。Er erreichte … : ジャックの一連の動作の描写です。イントネーションは Schloss ↗ Küche ↗ und → sie ↘

その頃ジャックのお母さんは、ジャックがいないのを心配してあちこち探し回っていました。そしてジャックが豆のツルをつたって降りてくるのを見て驚きました。お母さんは息子に駆け寄って抱きしめました。

　「ほらね、お母さん。これは本物の魔法の豆だったのさ。これはお母さんにだよ」
　ジャックはそう言って金貨の袋を差し出しました。お母さんは天を仰いで、神様、こんな賢い息子を授けて下さってありがとうございました、と感謝しました。二人は人食い鬼の金貨で、しばらくの間幸せに暮らしました。

　でも何か月かすると、金貨はすっかりなくなってしまいました。そこでジャックはもう一度人食い鬼の城に行くことに決め、豆のツルを登っていきました。お城に着いたジャックは、台所でまた大女に出くわすと、あいさつしました。

„Guten Tag! Geben Sie mir bitte etwas zu essen!"

„Ach, du Balg! Schämst du dich nicht, mich ums Essen zu bitten? Das letzte Mal hast du den Beutel mit Goldmünzen gemaust!" rief sie zornig.

Kaum hatte Jack ihr etwas gesagt, hörte er ein furchtbares Getrampel: bum, bam, bum, bam!

„Schnell! Versteck dich im Ofen!" rief sie.

Blitzschnell sprang er darein und versteckte sich. Er machte die Tür nicht ganz zu, damit er in die Küche schauen und lauschen konnte. Der Oger legte ein fettes Schwein und einen Vogelkäfig auf den Tisch. Dann begann er schnüffelnd in der Küche herumzulaufen.

„Es riecht nach frischem Fleisch! Es riecht nach frischem Fleisch!" rief er.

„Aber natürlich!" sagte die Riesin. „Es riecht nach dem fetten Schwein, das du mitgebracht hast. Das will ich jetzt kochen und du sollst mir dabei helfen."

„Gerne! Ich will das als Ganzes im Ofen braten."

„Nein! Am Spieß schmeckt es besser."

「こんにちは！　何か食べ物をもらえませんか？」

「このいたずら小僧！　よくもぬけぬけと食べ物をくれなんて言えたものだね。この間は金貨の袋をくすねてったくせに！」おかみさんは怒って怒鳴りました。

それに答える間もなく、恐ろしい足音が聞こえてきました。ズシン！　ドシン！　ズシン！　ドシン！

「早くしな！　かまどの中にかくれるんだよ！」おかみさんが叫びました。

ジャックはすばやくかまどに飛び込んで隠れました。でも部屋の様子がわかるように、扉は少し開けておきました。人食い鬼は丸々とした豚と鳥かごをテーブルに置きました。そして鼻をクンクンいわせてあたりの匂いを嗅ぎました。

「新鮮な肉の匂いがする！　こりゃ新鮮な肉の匂いだ！」

「そりゃそうさ！」おかみさんが言いました。「おまえさんが持ってきた豚の匂いさ。これからそれを料理するから、あんたも手伝っておくれ」

「いいともさ。かまどで丸焼きにしちまおう」

「いや、だめさ。串焼きの方がもっとうまいよ」

Der Oger und seine Frau brieten das Schwein am Spieß und er aß es auf. Dann machte er die Tür des Vogelkäfigs auf, nahm eine goldene Gans heraus, stellte sie auf den Tisch und befahl:

„Leg ein goldenes Ei!"

Da legte sie ein goldenes Ei. Für eine Weile streichelte er die Gans und ließ sie wieder in den Vogelkäfig hinein. Einmal streckte er sich und ging aus der Küche zum Mittagsschlaf. Sobald der Oger weg war, kam Jack rasch aus dem Ofen heraus. Er packte die Gans und rannte so schnell er konnte davon. Von nun an hatten Jack und die Mutter keine Geldsorgen mehr, da die Gans jeden Tag ein goldenes Ei legte.

音読の
つぼ

so schnell er konnte：「できるかぎり速く」 ひとまとまりとしてなめらかに言いましょう。アクセントは schnell に置かれます。Von nun an：「このときから、それ以降」nun にアクセントが置かれます。

人食い鬼とおかみさんは豚の串焼きを作り、鬼はそれをぺろりとたいらげました。それから鬼は鳥かごの扉を開け、中から金のガチョウをとり出してこう言いました。

　「金の卵を産め！」
　するとガチョウはなんと金の卵を産みました。人食い鬼はしばらくガチョウをなでてから、また鳥かごに戻しました。それから大きく伸びをすると、昼寝をしようと台所から出ていきました。人食い鬼が出ていくと、ジャックはすぐさまかまどから飛び出ました。そして金のガチョウを鳥かごから出すと、一目散に逃げ出しました。この日からジャックとお母さんは、もうお金の心配をしなくてもよくなりました。ガチョウが毎日金の卵を産んだからです。

⑦Aber nach ein paar Monaten hatte Jack den langweiligen Alltag satt. Es gab ihm keine Ruhe und er wollte noch einmal zum Schloss zurück.

Jack kletterte die Bohnenranke wieder hinauf. Er erreichte das Schloss und schlich heimlich in die Küche hinein, damit ihn diesmal die Riesin nicht fand. Er stieg aufs Regal und versteckte sich hinter dem Topf mit Mehl. Bald hörte er wieder die Schritte: bum, bam, bum, bam!

Kaum war der Oger in die Küche eingetreten, schnüffelte er umher und rief:

„Es riecht nach frischem Fleisch! Es riecht nach frischem Fleisch!"

Zuerst suchte die Riesin hinter dem Geschirrschrank, dann im Ofen, wo Jack einmal gewesen war. Dort fand sie aber niemanden. Sie kam nicht auf die Idee, hinter dem Topf mit Mehl zu suchen. Zum Schluss dachte der Oger, dass er sich irrte. Jack schaute unverwandt zu, als der Oger und seine Frau ein geröstetes Rind aßen. Nach dem Essen ging der Oger wie immer zum Mittagsschlaf und Jack folgte ihm nach.

音読の
つぼ

unverwandt : un は英語の un と同じく形容詞につけて「否定、反対」を意味します。unverwandt のアクセントは un にありますが、単語によってアクセントがあるものとないものがあるので、そのつどチェックした方がいいでしょう。

けれども何か月かすると、ジャックは退屈な生活に飽き飽きして
しまいました。そしてもう一度鬼の城に行きたくてたまらなくなり
ました。

　そこで、また豆のツルを登って雲の上まで行きました。お城に着
くと、今度は大女に見つからないようにこっそり台所に忍び込みま
した。ジャックは棚によじ登り、小麦粉の壺の後ろに隠れました。
しばらくすると、またもや足音が聞こえてきました。ズシン！　ド
シン！　ズシン！　ドシン！

　台所に入るなり、人食い鬼は鼻をクンクンいわせて匂いを嗅ぎ回
りました。
　「新鮮な肉の匂いがする！　こりゃ新鮮な肉の匂いだ！」

　おかみさんはまず食器棚の裏と、かまどの中を探しました。
ジャックが前に隠れていた場所です。でも何も見つかりませんでし
た。おかみさんは棚の上の小麦粉の壺の後ろまでは思いつかなかっ
たのです。けっきょく人食い鬼は、自分の勘違いだったと思いまし
た。ジャックは人食い鬼とおかみさんが、牛の丸焼きを食べるのを
じっと見ていました。食べ終わると、鬼はいつものように昼寝をし
ようと出ていき、ジャックはその後をついて行きました。

Im Wohnzimmer nahm der Oger eine goldene Harfe aus dem Schrank heraus und stellte sie auf den Tisch. Er setzte sich auf den Armstuhl und befahl:

„Sing mal, goldene Harfe!"

Gleich begann sie von allein zu spielen. Die Melodie war so süß, dass der Oger im Nu einschlief und anfing zu schnarchen. Jack packte die goldene Harfe und lief schnell davon. Doch als er das Schloss verließ, stieß er mit der Harfe gegen die Tür. Da erklang sie laut, weit und breit. Durch den Klang wachte der Oger auf. Kaum hatte er gemerkt, dass Jack die Harfe weggenommen hatte, schrie er grausig auf und lief Jack nach, um die Harfe zurückzunehmen.

音読の
つぼ

laut, weit und breit : laut (大きな音で) weit und breit (あたり一帯に) リズミカルに読んでみましょう。weggenommen : weg|nehmen の過去分詞。weg は「ヴェク」ですが直後の ge と重なって g は無音になり「ヴェッゲノメン」と聞こえます。

居間に入ると鬼は戸棚から金のハープを取り出してテーブルに置きました。それから肘掛け椅子に座るとこう言いました。

「金のハープよ、さあ、歌え！」

すると金のハープはひとりでに音楽を奏で始めたではありませんか。その音色があまりに甘美だったので、鬼はあっという間に眠り込んでいびきをかき始めました。ジャックは金のハープをつかむと、一目散に逃げ出しました。ところが城から出るとき、扉にハープがぶつかってしまったのです。あたりに大きな音が響きわたりました。その音に鬼ははっと目を覚ましました。そしてハープが盗まれたのに気づくやいなや、恐ろしい叫び声を上げ、ハープを取り戻そうとジャックの後を追いかけました。

In aller Eile wollte Jack wieder auf die Erde zurück. Er sprang von Blatt zu Blatt, kletterte schnell die Bohnenranke hinunter, während der Oger ihm nur mühsam folgte. Der war kaum auf dem halben Weg gewesen, als Jack die Erde erreichte. Schnell lief Jack zum Schuppen, um eine Axt zu holen. Schnell! Der Oger kommt... Mit aller Kraft schlug Jack mehrmals auf die Bohnenranke ein. Knack! Endlich brach sie entzwei und fiel aus den Wolken herunter. Der Oger stürzte herab, wurde auf den Boden geschleudert und starb.

⑨Dank der Gans und der goldenen Harfe lebten Jack und die Mutter danach wohl und vergnügt. Später heiratete Jack ein Edelfräulein und die drei lebten glücklich zusammen.

音読の
つぼ

Der Oger ... : 大男が空から落ちて、地面に叩きつけられ、死んでしまうという場面です。イントネーションは herab ♪ geschleudert ♪ und → starb ↘。Dank der Gans und der goldenen Harfe：「金のガチョウとハープのおかげで」ひとまとまりとして読みましょう。

ジャックは大急ぎで地上へ引き返そうとしました。葉から葉へと飛び移り、豆のツルをつたって降りていきました。一方、人食い鬼はのろのろとしか降りることができません。ジャックが地面に足をつけた時、鬼はまだ半分も降りていませんでした。ジャックは斧を取りに納屋に駆け込みました。早く！　鬼がやってきてしまう……。ジャックは全身の力を込めて何度も斧を振り下ろしました。バキバキッ！　ついに豆のツルは雲の上から落ちてきました。真っ逆さまに落ちた人食い鬼は、地面に叩きつけられてとうとう死んでしまいました。

　それから、金の卵を産むガチョウと金のハープのおかげで、ジャックとお母さんは何不自由なく暮らしました。やがてジャックは貴族のお姫様と結婚し、三人は幸せに暮らしましたとさ。

① **das tägliche Brot verdienen** 「日々の糧を稼ぐ、生計を立てる」

> ... doch es wurde für sie immer schwieriger, das tägliche Brot zu verdienen. (p.28, 3行目)
> 日々の暮らしはきびしくなる一方でした。

Brotはパンですが、転じて生活の糧、仕事という意味もあります。日々のパンを稼ぐ＝生計を立てる

② **Lassen Sie sich nicht ~** 「～されてはならないですよ」

> Lass Dich von den Leuten am Markt nicht betrügen.
> (p.28, 下から5行目)
> 市場の連中にだまされるんじゃないよ。

sich⁴＋不定形＋lassenで「～されるがままになる、～されることを許容（甘受）する」、Lassen Sie sich nicht ~で「～されてはいけない、～されたままではだめですよ」という意味になります。

[例文] Lassen Sie sich nicht bluffen!
相手のはったりにごまかされないように。

Lass dich von ihnen nicht überreden!
彼らに言いくるめられてはだめだよ。

Lassen Sie sich nicht stören!
私にはかまわないでどうぞ続けて下さい。

③ **einen Witz machen** 「冗談、ジョーク、しゃれを言う」

> Machen Sie bitte keine Witze! (p.30, 11行目)
> 冗談はやめて下さい!

覚えておきたいドイツ語表現

50

ein guter (schlechter) Witz「うまい（へたな）しゃれ」、ein fauler Witz「駄洒落」、mit jm. Witze (einen Witz) machen「～をからかう」

[例文] Mein Bruder macht immer Witze mit mir.
兄貴はいつも僕をからかうんだよ。

Das ist doch wohl nur ein Witz?
まさか本気じゃないんだろう？

④ mit jm./et.³ zufrieden sein「～に満足している、不満がない」

Er war mit dem Tausch ganz zufrieden gewesen, ...
（p.32, 1行目）

ジャックはうまい取引をしたと満足していましたが、……

[例文] Die Mannschaft war mit dem Ergebnis ganz (nicht ganz) zufrieden.
チームは結果にとても満足だった（必ずしも満足ではなかった）。

Ich bin damit nicht zufrieden.　私はそれでは不満だ。

Mit ihrem neuen Haus war sie sehr zufrieden.
彼女は新居に大満足だった。

⑤ sich³ um et.⁴ Sorgen machen「～のことを心配する」

Die Mutter hatte sich inzwischen große Sorgen um Jack gemacht und... （p.38, 1行目）

その頃ジャックのお母さんは、ジャックがいないのを心配して……

Sorge は「心配ごと、気がかり、懸念、不安」。「～について」は um（4格）で言います。Sorge に関する表現には他に、Sorgen haben「心配ごとがある」、ohne Sorgen/sorgenfrei「何の心配もない」、Geldsorgen「お金の心配」、häusliche Sorgen「家庭の心配事」、などがあります。

［例文］Mach dir darum keine Sorgen!　そのことは心配しないで！

Er macht sich um die Zukunft seiner Tochter große Sorgen.　彼は娘の将来をとても心配している。

⑥ eine Zeit lang「しばらくの間」

Mit den Goldmünzen des Ogers lebten sie eine Zeit lang glücklich und zufrieden.（p.38, 下から7行目）
二人は人食い鬼の金貨で、しばらくの間幸せに暮らしました。

　ここでのZeitは、ある長さの漠然とした時間の経過、期間を表します。auf einige Zeitとも言えます。

⑦ et.⁴ satt haben「〜に飽き飽きしている」

Aber nach ein paar Monaten hatte Jack den langweiligen Alltag satt.（p.44, 1行目）
けれども何カ月かすると、ジャックは退屈な生活に飽き飽きしてしまいました。

　sattは「満腹の、満足した」という意味ですが、何かに飽き飽きするという逆の意味もあります。同じく「飽きる」という表現にはvon jm./et.³ die Nase voll habenがあります。

　［例文］Die Mutter hatte die Ausreden ihres Sohnes schon satt.
母は息子の言い訳はもう聞き飽きていた。

Ich habe es bis dahin satt.　それはもううんざりだ。

Die meisten Schüler hatten von der unendlich langen Rede des Schulleiters die Nase voll.
大半の生徒たちは校長の果てしない話にうんざりしていた。

⑧ **von allein**「自分から、ひとりでに、おのずから」

Gleich begann sie von allein zu spielen.（p.46, 5行目）
すると金のハープはひとりでに音楽を奏で始めたではありませんか。

　形容詞のalleinは「一人ぼっちの、孤立した、寂しい」などの意味ですが、この alleinは「独力で、他の力を借りずに」という意味の副詞です。

　　［例文］Die Krankheit ist von allein weggegangen.
　　　　　　病気は自然に治った。

⑨ **dank ~**「～のおかげで」

Dank der Gans und der goldenen Harfe...（p.48, 下から4行目）
それから、金の卵を産むガチョウと金のハープのおかげで、……

　dankの後の名詞は2格または3格です。

　　［例文］dank des Entgegenkommens des Herrn Schmidt ...
　　　　　　シュミット氏のご好意により……

　　　　　　Dank seinem Fleiß und der Unterstützung seiner Frau hat er den Nobelpreis bekommen.
　　　　　　彼は自らの勤勉さと妻の支えのおかげでノーベル賞をもらった。

ドイツ語の略語・略称

　音楽用語、計測単位、国際機関の名称など世界共通の略語・略称のほかに、ドイツ固有のものも数多くあります。

　いくつかその例を挙げると、イニシャルを使った略称には、ドイツの二大政党であるキリスト教民主同盟 CDU（f. < **C**hristlich **D**emokratische **U**nion Deutschlands）や社会民主党 SPD（f. < **S**ozialdemokratische **P**artei **D**eutschlands）。日本の JIS に当たるドイツ工業規格 DIN（f. < **D**eutsche **I**ndustrie-**N**orm）。また略称で知られるドイツの有名企業もたくさんあります。

　略語の中には、複合語の音節の一部を省略し、さらに短縮したものもあります。共働きやひとり親の家庭が増え、充実が求められている保育施設 Kita（f. < **Ki**nder**ta**gesstätte, f.）、ドイツ再統一後よく話題になった旧東ドイツ DDR（f. < **D**eutsche **D**emokratische **R**epublik）の諜報機関・秘密警察 Stasi（f. < **Sta**at**ssi**cherheitsdienst, m.）などがその例です。

　車 Auto（n. < **Auto**mobil, n.）、バス Bus（m. < Omni**bus**, m.）、チェロ Cello（n. < Violon**cello**, n.）、写真 Foto（n. < **Foto**grafie, f.）のように短縮形が一般的で、今では元の形がほとんど忘れられてしまったものもあります。

三匹の子豚

Die drei kleinen Schweinchen

Es waren einmal drei kleine Schweinchen, die mit ihrer Mutter zusammenwohnten. Das Haus war für sie alle ziemlich klein.

Eines Tages rief die Mutter die drei Schweinchen zu sich und sagte:

„Ihr seid groß geworden. Es ist an der Zeit für euch, das Haus zu verlassen. Geht hinaus in die Welt und baut ein jeder sein eigenes Haus auf! Aber ich muss euch einen Rat geben. Passt auf die Wölfe auf! Sie sind bösartig und schlau. Sie werden euch betrügen und alles tun, um euch zu fressen."

Nachdem sie ihnen dies erzählt hatte, umarmte sie ihre Kinder fest und nahm unter Tränen von ihnen Abschied. Die drei Schweinchen machten sich auf den Weg, um je ein eigenes Haus zu bauen.

音読の
つぼ

Schweinchen：sch は「シュ」と発音します。Schule「シューレ」、schnell「シュネル」など。zusammen, ziemlich：z は英語とは違う「ツ」という音です。「ツザメン」、「ツィームリッヒ」。verlassen, umarmte：前つづりのついた動詞を「複合動詞」といいます。前つづりは「分離前つづり」（aus, an, auf, ein, um, vor など）と「非分離前つづり」（be-, emp-, ent-,

昔々、三匹の子豚がお母さんと一緒に暮らしていました。でもみんなで暮らすにはずいぶん小さな家でした。

　ある日、お母さんは子どもたちを呼んで言いました。

　「おまえたちはもうずいぶん大きくなったわね。そろそろ家を出ていくときが来たようだよ。家を出て、それぞれ自分の家を建てなさい。でも一つ言っておかなくちゃね。オオカミにはくれぐれも気をつけるんだよ。オオカミは腹黒くてずるがしこい。おまえたちをだまして、食べるためならなんだってするからね」

　お母さんはこう言うと、三匹を抱きしめ、目に涙を浮かべながらお別れしました。こうして三匹の子豚は自分たちの家を建てるために出かけて行きました。

er-, ge-, ver-, zer- など）に分けられ、分離前つづりはアクセントを持ちますが、非分離前つづりはアクセントを持ちません。verlassen の ver は非分離前つづりですからアクセントは -lassen にきます。一方 umarmte の um は分離前つづりなので、um にアクセントが置かれます。

三匹の子豚

57

Das erste Schweinchen begegnete einem Mann mit einem Bund Stroh. Es sagte zu ihm:

„Guten Tag, lieber Mann! Gib mir bitte das Stroh, ich will mir ein Haus daraus bauen."

Der Mann gab ihm das Stroh.

Das zweite Schweinchen begegnete einem Mann mit einem Bund Holz. Es sagte zu ihm:

„Guten Tag, lieber Mann! Gib mir bitte das Holz, ich will mir ein Haus daraus bauen."

Der Mann gab ihm das Holz.

Das dritte Schweinchen begegnete einem Mann, der einen Karren voll mit Ziegeln zog. Es sagte zu ihm:

„Guten Tag, lieber Mann! Gib mir bitte die Ziegel, ich will mir ein Haus daraus bauen."

Der Mann gab ihm genug Ziegel, um sich damit ein zwar kleines, aber solides Haus mit einem Schornstein zu bauen.

音読の
つぼ

Stroh：母音の後の h はその母音を伸ばす印で、発音はしません。Mann, Karren：それぞれ n、r が 2 つですが、発音は一つと同じです。Tag, Gib：b, d, g は語末や音節末、後ろに s, t などの子音がくるときは濁らずに「プ」「トゥ」「ク」と読みます。

一番目の子豚はわら束を持った男に出会いました。子豚は男に言いました。
　「こんにちは、旦那さん。ぼくにわらをくれませんか？　ぼく、それで家を建てたいんです」
　男はわらをくれました。

　二番目の子豚は木の束を持った男に出会いました。子豚は男に言いました。
　「こんにちは、旦那さん。ぼくに木をくれませんか？　ぼく、それで家を建てたいんです」
　男は木をくれました。

　三番目の子豚はレンガで一杯の荷車を引いた男に出会いました。子豚は男に言いました。
　「こんにちは、旦那さん。ぼくにレンガをくれませんか？　ぼく、それで家を建てたいんです」
　男は子豚に、小さいけれど頑丈で、煙突もついた家を建てるのに十分なレンガをくれました。

Auf diese Weise stellten die drei kleinen Schweinchen ihre Häuser fertig. Da kam ein Wolf an ihnen vorbei. (Was für ein Glück! Wären ihre Häuser noch nicht fertig gewesen, hätte er sie gleich aufgefressen!) Der Wolf leckte sich die Lippen und sagte zu sich:

„Ach, wie weich und lecker sie aussehen! Mit welchem soll ich anfangen? Hm, zuerst esse ich das im Strohhaus."

Da klopfte er auch schon an die Tür des Strohhauses und rief sanft:

„Liebes Schweinchen, ich bin ein netter Wolf und dein neuer Nachbar. Lass mich bitte rein, um dich zu begrüßen!"

Das erste Schweinchen zitterte vor Furcht und antwortete:

„Ein Wolf? Nein, nein, auf keinen Fall!"

音読の
つぼ

Wolf：w は発音記号 [v]、上の前歯を下唇の内側に軽くあてて出す有声音。一方 f は無声音 [f] です。fertig：語末、音節末の -ig は ich と同じ音です。mutig「ムーティッヒ」、Honig「ホーニッヒ」。klopfte：pf は両唇を閉じて息をため、「プ」と言うと同時に上前歯を下唇の内側に軽くあてて息を吐き出します。「プフッ！」と思い切り破裂させるイメージで言ってみて下さい。

こうして三匹の子豚はそれぞれの家を建てました。そこへオオカミが通りかかりました。（なんて運がよかったんでしょう！　もし家がまだできていなかったら、三匹はオオカミにペロリと食べられていたでしょう）オオカミは舌なめずりをして独り言を言いました。

　「なんて柔らかくてうまそうな子豚たちだ！　さて、どいつから食ってやろうか？　そうだな、まずはわらの家に行ってみるとするか」

　オオカミはわらの家のドアをノックしました。

　「子豚君、俺は親切なオオカミで、おまえさんの新しいお隣さんだよ。あいさつしたいから、中に入れておくれよ」

　一番目の子豚は恐ろしさに震えてこう言いました。

　「オオカミだって？　だめだめ、絶対中になんて入れるもんか！」

„Na, gut. Ich werde prusten und dir dein Haus zusammenpusten!"

Der Wolf prustete und pustete bis das ganze Haus zusammenfiel.

„Hilfe! Ein Wolf!" schrie es auf und lief aufs Holzhaus des zweiten Schweinchens zu.

Kaum war das erste Schweinchen im Haus, schlug das zweite die Tür zu. Da kam der Wolf, klopfte an die Tür und rief sanft:

„Liebes Schweinchen, lass mich bitte rein!"

„Nein, nein, auf keinen Fall! Geh sofort weg!" antwortete das zweite Schweinchen.

„Na, gut. Ich werde prusten und dir das Haus zusammenpusten."

Der Wolf prustete und pustete bis das ganze Haus zusammenfiel.

„Hilfe! Ein Wolf!" schrien die zwei Schweinchen auf und liefen aufs Ziegelhaus des dritten Schweinchens zu.

音読の
つぼ

auf, lief, zweiten：二重母音の読み方は注意が必要です。ie は「イー」、eu は「オイ」、ei は「アイ」、au は「アオ」、äu は「オイ」と読みます。

「ならいいさ。こんな家、吹き飛ばしてやるぞ！」

　オオカミはフウフウと力いっぱい息を吹きかけ、ついにわらの家は吹き飛んでしまいました。
　「助けて！　オオカミだ！」子豚は叫びながら、二番目の子豚の木の家に走って行きました。

　一番目の子豚が家に入るやいなや、二番目の子豚はドアを閉めました。すぐにオオカミがやって来てドアをノックし、優しい声で言いました。
　「子豚君、俺を中に入れておくれよ」
　「だめだめ、絶対中になんて入れるもんか！　さっさとあっちへ行け！」二番目の子豚が答えました。

　「ならいいさ。こんな家、吹き飛ばしてやる！」

　オオカミはフウフウと力いっぱい息を吹きかけ、ついに木の家は吹き飛んでしまいました。
　「助けて！　オオカミだ！」二匹の子豚は叫びながら、三番目の子豚のレンガの家に走って行きました。

Kaum waren sie im Haus, schloss das dritte die Tür zu und beruhigte sie:

„Macht euch keine Sorgen! In diesem Haus sind wir sicher und haben nichts zu fürchten."

Bald hörten sie die schmeichelnde Stimme des Wolfs:
„Liebes Schweinchen, lass mich bitte rein!"
Das dritte Schweinchen antwortete herausfordernd:
„Komm doch rein, wenn du kannst!"

„Na, gut. Ich werde prusten und dir das Haus zusammenpusten."

Er prustete und pustete mit aller Kraft, doch diesmal war es anders als vorher. Das Ziegelhaus blieb solid wie ein Fels stehen. Der Wolf wurde zornig und brüllte:

„Im Namen des Wolfs will ich euch ergreifen!"

音読の
つぼ

Macht euch ... fürchten : ch のつく単語が並んでいますね。ch は a, o, u, au の後では喉の奥で息を摩擦させて出す、息を切らしたときのような「ハアッ」という音。それ以外では舌と上あごの間で息をかすらせて出「ヒッ」という音です。日本語のヒより、息を多めに出します。マハt　オイヒ　ズィッヒャー　ニヒツ　フュルヒテンとなります。herausfordernd : heraus|fordern の現在分詞、形容詞。アクセントは heraus に置かれます。

二匹が家に入るやいなや、三番目の子豚はドアを閉め、二匹を落ち着かせました。
　「心配しないで！　この家にいれば安全で、何もこわがることはないよ」

　すぐにオオカミの猫なで声が聞こえてきました。
　「子豚君、俺を中に入れておくれよ」
　三番目の子豚は挑むように言いました。
　「入れるもんなら入ってみろ！」

　「ならいいさ。こんな家、吹き飛ばしてやる！」

　オオカミはフウフウと力いっぱい息を吹きかけましたが、これまでのようにはいきません。レンガの家はまるで岩のようにビクともしないのです。オオカミは猛烈に怒って叫びました。
　「オオカミの名にかけて、おまえたちをつかまえてやる！」

Er lief ums Haus herum, um Mittel und Wege zu finden, ins Haus zu kommen.

Da sah er den Schornstein oben auf dem Dach und plötzlich kam ihm eine Idee.

„Mit einer großen Leiter werde ich durch den Schornstein ins Haus klettern. Ha, ha! Ich hätte schon früher auf diesen Gedanken kommen sollen."

Er schmunzelte und brachte eine Leiter her.

®Da das dritte Schweinchen sehr klug war, merkte es, was der Wolf im Sinn hatte.

Während er noch die Leiter hinaufkletterte, machte es mit den Brüdern ein großes Feuer im Kamin an und hängte einen großen Kessel voll mit Wasser auf.

Als das Wasser gerade am Sieden war, kam der Wolf durch den Schornstein herunter.

Platsch! Er plumpste mitten ins heiße Wasser und starb.

Fortan lebten alle drei zufrieden und froh.

音読の
つぼ

plötzlich：pl は「プル」というふうに p と l の間に母音が入らないように注意。唇を閉じて息をため、破裂音[p]を出すと同時に舌を上前歯の付け根にしっかりつけて[l]ルッと言ってみて下さい。これがスムーズにできたら、その後の母音を強めに言ってみましょう。voll mit Wasser：「水の一杯入った」ひとまとまりで読みます。Fortan：アクセントは an に置かれます。

オオカミは家に入る方法を探して、家の周りをうろうろ歩きました。
　そのとき、屋根に煙突があるのを見て、突然あることを思いつきました。
　「大きなハシゴがあれば、煙突を通って家の中に入れるぞ。はは！なんでもっと早く思いつかなかったんだ！」

　オオカミはほくそ笑むと、ハシゴを持ってきました。

　三番目の子豚はとても賢くて、オオカミが何を企んでいるのか気づきました。
　オオカミがまだハシゴを登っている間、三番目の子豚はお兄さんたちと一緒に暖炉に火を起こし、水を一杯入れた鍋を暖炉につるしました。
　ちょうど湯が沸騰した時、オオカミが煙突から降りてきました。

　バシャン！　オオカミは煮えたぎる湯の中に真っ逆さま、とうとう死んでしまいました。
　それから三匹は幸せに暮らしましたとさ。

① **alles tun, um zu** 不定句「〜のためなら何でもする」

...und alles tun, um euch zu fressen. (p.56, 下から6行目)
（おまえたちをだまして）食べるためならなんだってするからね。

ある目的のために、できることは何でもするという言い方です。

［例文］Sie haben alles getan, um die Probleme zu lösen.
　　　　彼らは問題を解決するために、あらゆることをした。

　　　　Er tut alles, um Geld zu verdienen.
　　　　彼はお金を稼ぐためなら何でもする。

　　　　Sie hat alles getan, um schlank zu werden.
　　　　彼女はやせるために何でもした。

② **sich⁴ auf den Weg machen**「出発する」

Die drei Schweinchen machten sich auf den Weg, um je ein eigenes Haus zu bauen. (p.56, 下から2行目)
こうして三匹の子豚は自分たちの家を建てるために出かけて行きました。

　類似の動詞にab|reisen「旅行に出る、出発する」、ab|fahren「乗り物で出かける」があります。
　Wegには「道、道路」の他に「経路、過程、道のり、方法」などの意味があります。
　ein dorniger Weg「いばらの道」、ein langer Weg「長い道のり」、auf dem Weg von Bonn nach Hamburg「ボンからハンブルクへの道中」、auf diesem Weg「この方法で」

　　　［例文］Die Schüler haben sich auf den Weg nach Kamakura (zum Museum) gemacht.
　　　　　　　生徒たちは鎌倉（美術館）に向けて出発した。

③ an jm. /et.³ vorbeikommen 「〜のそばを通りかかる」

Da kam ein Wolf an ihnen vorbei. (p.60, 2行目)
そこへオオカミが通りかかりました。

　an 〜 vorbeikommen は「そばを通りかかる」ですが、bei 〜 vorbeikommen
は、「〜のところに立ち寄る」という意味になります。

　[例文] Ich bin an einer Buchhandlung vorbeigekommen.
　　　　私は本屋の前を通りかかった。

　　　　Komm einmal bei mir vorbei!　今度遊びに来てよ！

　　　　Kannst du gegen halb acht vorbeikommen?
　　　　7時半頃来てもらえる？

④ wie 〜 !「なんて〜なんだ！」

Ach, wie weich und lecker sie aussehen! (p.60, 6行目)
なんて柔らかくてうまそうな子豚たちだ！

　wie ＋形容詞で感嘆の気持ちを表す表現です。動詞や助動詞の定形は最後にくる
ので注意しましょう。

　[例文] Wie groß er ist!　彼はなんて大きいんだろう！

　　　　Wie schön diese Landschaft ist!　なんて美しい景色なんだろう！

　　　　Wie schnell er laufen kann!　彼はなんて速く走れるんだろう！

⑤ auf keinen Fall 「どんなことがあっても決して〜ない」

Ein Wolf? Nein, nein, auf keinen Fall! (p.60, 下から1行目)
オオカミだって？　だめだめ、絶対中になんて入れるもんか！

auf keinen Fall は、「いかなる状況においても決して〜でない」と強く否定する言い方です。前置詞 + Fall の組み合わせにはさまざまな表現があります。

auf jeden Fall	「どんな場合でも、必ず」
für alle Fälle	「あらゆる状況に備えて、念のために」
je nach dem Fall	「状況に応じて、臨機応変に」
im dringenden Fall	「緊急の場合に」

⑥ kaum 「〜したかしないうちに、かろうじて〜し終わったところで」

Kaum war das erste Schweinchen im Haus, schlug das zweite die Tür zu.（p.62, 7行目）
一番目の子豚が家に入るやいなや、二番目の子豚はドアを閉めました。

本文では kaum 以下は過去形ですが、過去完了形をとることもあります。

［例文］Kaum hatte ich die Tür geöffnet, hörte ich eine bekannte Stimme.
ドアを開けるか開けないうちに、聞き覚えのある声が聞こえてきた。

Kaum war sie gekommen, wollte sie schon wieder gehen.
彼女は来たと思ったら、もう行こうとした。

⑦ nichts zu ~ 「〜するものは何もない」

In diesem Haus sind wir sicher und haben nichts zu fürchten.（p.64, 3行目）
この家にいれば安全で、何もこわがることはないよ。

nichts + zu 不定形で、「〜するものは何もない」という表現です。また、「〜することがたくさんある、いろいろある」というときは vieles + zu 不定形となります。

［例文］Im Kühlschrank gab es nichts zu essen.
冷蔵庫には何も食べ物がなかった。

Heute hat er nichts Besonderes zu tun.
彼は今日は特にすることがない。

Ich habe dir vieles zu erzählen.　君に話すことがいろいろある。

In dieser Stadt gibt's vieles anzuschauen.
この町には見所がたくさんある。

⑧ et. im Sinn haben 「〜を意図する、もくろむ」

> Da das dritte Schweinchen sehr klug war, merkte es, was
> der Wolf im Sinn hatte. (p.66, 9行目)
> 三番目の子豚はとても賢くて、オオカミが何を企んでいるのか気づきました。

　Sinnには「知覚、感覚、センス」などの意味がありますが、ここでは考え、意識という意味で使われています。was der Wolf beabsichtigte と言い換えることもできます。
　Sinnに関する語句には、der sechste Sinn「第六感」、einen sechsten Sinn für et.⁴ haben「〜に対して勘が働く」、sinnvoll「有意義な、意味深い」、Unsinn「無意味、ナンセンス」などがあります。

三匹の子豚

家畜を表す言葉あれこれ

　子豚には Ferkel（n.）という言い方もあります。雄、雌にそれぞれ違う単語があり、雄の豚は Eber（m.）、雌の豚は Sau（f.）。上位概念は Schwein（n.）です。豚は四葉のクローバーや蹄鉄と並んで幸運のシンボルなので、「運がよかった！」は口語で „Ich habe Schwein gehabt!“ と言ったりします。

　牛の場合、雄牛は Stier（m.）、Ochse（m.）、または Bulle（m.）、雌牛は Kuh（f.）、子牛は Kalb（n.）。上位概念は Rind（n.）です。Stierkampf（m.）は闘牛、Blindekuh（f.）は目が見えない雌牛ではなく、かくれんぼのことです。

　馬にも様々な言い方があり、雄馬は Hengst（m.）、雌馬は Stute（f.）、子馬は Fohlen（n.）、おとぎ話に出て来そうな白馬は Schimmel（m.）。上位概念は Pferd（n.）です。車の馬力（Pferdestärke, f.）は、略してペーエス（PS）。日本でもおなじみですね。

　ここに挙げた単語は全てクロスワードパズル（Kreuzworträtsel, n.）によく出てきます。

白雪姫

Schneewittchen

Es war einmal mitten im Winter und Schneeflocken fielen wie Federn vom Himmel. Eine Königin saß nähend am Fenster, dessen Rahmen aus Ebenholz bestand.

Da sie träumerisch aus dem Fenster blickend nähte, stach sie sich mit der Nadel in den Finger. Drei Tropfen Blut fielen aus der Wunde. Das Rot des Blutes war unheimlich schön im weißen Schnee.

„Ach, wie schön, wenn ich ein Kind hätte! Die Haut so weiß wie Schnee, die Backen so rot wie Blut und das Haar so glänzend schwarz wie das Ebenholz. Wie glücklich würde ich sein, wenn ich solch ein Kind hätte!" dachte sie.

音読の
つぼ

nähend, bestand, blickend：語末の d は [t] と発音します。「ネーエン t」、「ベシュタン t」、「ブリッケン t」。Die Haut ... :「～のように～だ」という表現が続きます。アクセントやイントネーションなど、ネイティブの発音をよく聞いてリズミカルに言ってみましょう。

それはある真冬の日でした。空から雪が羽のようにひらひらと落ちていました。お妃様が窓辺に座って縫物をしていました。窓枠は黒檀でできていました。

　お妃様はぼんやり窓の外を眺めながら縫っていたので、うっかりして針で指を刺してしまいました。傷口から血が三滴、滴り落ちました。真っ白な雪に真っ赤な血がとても美しく映えて見えました。

　「ああ、子どもがいたらどんなにうれしいでしょう！　肌は雪のように白く、頬は血のように赤く、髪は黒檀のようにつややかな漆黒。そんな子どもが生まれたら、どんなにすばらしいかしら」お妃様は考えました。

Kurz danach bekam sie ein süßes Mädchen, dessen Haut so weiß wie Schnee, dessen Backen so rot wie Blut und dessen Haar so glänzend schwarz wie das Ebenholz war. Daher wurde es Schneewittchen genannt. Doch kurz nach der Geburt verstarb die Königin.

Nach einem Jahr verheiratete sich der König wieder. Die neue Königin war zwar schön, aber stolz und willkürlich, und konnte es nicht leiden, dass sie an Schönheit von jemandem übertroffen wurde.

Die Königin hatte einen Zauberspiegel, vor den sie immer trat und fragte:

„Spiegel, Spiegel an der Wand, wer ist die Schönste im ganzen Land?"

„Frau Königin, Sie sind die Schönste im Land" antwortete er.

Mit der Antwort war sie zufrieden, denn sie wusste, dass er immer nur die Wahrheit sagte. Aber Schneewittchen wuchs heran und wurde immer schöner. Als es mannbar wurde, war es so schön wie Sonnenschein und schöner als die Königin.

音読の
つぼ

　übertroffen：非分離動詞 übertreffen の過去分詞です。アクセントは -troffen におかれます。　so ～ wie は「まるで～のように～だ」という表現ですから、ひとまとまりとして読みましょう。

それから少し後、お妃様は女の子を産みました。肌は雪のように白く、頬は血のように赤く、髪は黒檀のように漆黒で、つやつやと輝いていました。その肌の白さから、女の子は白雪姫と呼ばれるようになりました。でも、白雪姫を産んでしばらくして、お妃様は亡くなってしまいました。

　一年後、王様は新しいお妃様を迎えました。新しいお妃は美しい人でしたが、うぬぼれが強く、自分勝手でした。自分よりも美しい人が他にいることが我慢できないのでした。

　お妃様は魔法の鏡を持っていました。その鏡の前に立って、お妃様はいつもこう尋ねました。

　「鏡よ、鏡、国じゅうで一番美しいのは誰？」

　「お妃様、それはあなた様です」鏡が答えました。

　それを聞くと、お妃様は満足するのでした。鏡がいつも真実しか言わないことを知っていたからです。でも、白雪姫は成長するにつてどんどん美しくなっていきました。そして年頃になると、輝く日の光のように美しくなり、お妃様よりも美しくなりました。

Eines Tages fragte die Königin den Spiegel wie immer:

„Spiegel, Spiegel an der Wand, wer ist die Schönste im ganzen Land?"

„Frau Königin, Sie sind die Schönste hier, aber Schneewittchen ist tausendmal schöner als Ihr" antwortete er gleich.

Da war sie erschüttert und vor Zorn wurde ihr Gesicht ganz blass. Von dieser Stunde an wuchs der Neid wie Unkraut in ihrem Herzen immer höher. Tags und nachts hatte sie keine Ruhe mehr. Schließlich rief sie einen Jäger und befahl:

„Nimm Schneewittchen in den Wald! Ich will es nie wieder sehen. Du sollst es töten und mir seine Leber und Lunge zum Beweis bringen."

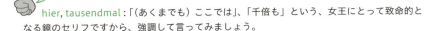

音読のつぼ

hier, tausendmal：「（あくまでも）ここでは」、「千倍も」という、女王にとって致命的となる鏡のセリフですから、強調して言ってみましょう。

ある日、お妃様はいつものように魔法の鏡に向かって尋ねました。

「鏡よ、鏡、国じゅうで一番美しいのは誰？」

「お妃様、あなた様はここでは一番美しい。でも白雪姫はあなた様の千倍も美しい」鏡はすぐに答えました。

　それを聞いたお妃様は衝撃を受け、怒りのあまり真っ青になりました。この時からお妃様の心には、白雪姫への嫉妬の気持ちが雑草のように大きく育っていきました。昼も夜も、心が安まるときはありません。ある日とうとう、お妃様は狩人を呼ぶと、こう命じました。
「白雪姫を森に連れておいき！　あの娘の顔など二度と見たくない。娘を殺し、その証として、娘の肝臓と肺を持ってくるのです」

Der Jäger befolgte den Befehl und nahm Schneewittchen zum Wald. Dort zog er das Jagdmesser und wollte es ins Herz stechen. Schneewittchen begann zu weinen und sagte:

„Ach, lieber Jäger, lassen Sie mich leben! Ich werde tief in den Wald laufen und nie wieder zum Schloss zurückkehren."

Da es so schön war und verzweifelt um Hilfe bat, dass er Mitleid bekam, sagte er:

„Lauf weg, du arme Prinzessin!" Er dachte aber, dass es bald den wilden Tieren zum Opfer fallen würde. Er fühlte, als wäre ihm ein Stein vom Herzen gefallen, da er es nicht mehr zu töten brauchte. Um das Versprechen mit der Königin zu erfüllen, tötete er eine junge Hirschkuh, die gerade daher gesprungen kam. Er nahm ihr die Leber und Lunge heraus und brachte sie der Königin als Beweis mit. Die ließ sie sofort kochen und aß sie auf. Sie hatte keinen Zweifel daran, dass sie das Fleisch und Blut Schneewittchens gegessen hatte.

音読の
つぼ

Jagdmesser：Jagd（狩り）＋ Messer（ナイフ）。Jagd の発音は「ヤーク t」。Die は die Leber und Lunge の略ですから、「ディー」と強く長めに発音します。

狩人はお妃様の命令どおり、白雪姫を森に連れて行きました。そこで狩人はナイフを抜くと、白雪姫の心臓を一突きしようとしました。白雪姫は泣きながら言いました。

　「ああ、狩人さん、どうか助けて下さい！　森のうんと奥深くまで行って、二度とお城には戻りませんから」

　白雪姫があまりに美しく、必死に助けを求めたので、狩人は哀れになってこう言いました。
　「ここから走ってお逃げなさい、可哀想なお姫様！」でも心の中では、じきに獣のえじきになってしまうだろうと思っていたのです。狩人は白雪姫を殺さずにすんで、重荷を下ろしたようにほっとしました。そしてお妃様との約束を果たすために、ちょうど走ってきた若い雌鹿を殺し、肝臓と肺を取り出すと、姫を殺した証としてお妃様に差し出しました。お妃様はすぐにそれを料理させ、食べてしまいました。そして、白雪姫の肉と血を食べたのだと信じて、露ほども疑いませんでした。

Im Wald lief Schneewittchen ganz allein herum. Alles kam ihm so fürchterlich vor, dass es die Blätter an den Bäumen anstarrte. Es hatte keine Ahnung, bei wem es Hilfe suchen sollte. Es lief über schroffe Felsen und durch Dornen. Die wilden Tiere sprangen an ihm vorbei, aber sie taten ihm nichts. Es lief weiter, solange sich die Beine fortbewegen konnten. Als es dunkel wurde, fand es ein Häuschen. Es ging ins Haus hinein, um sich auszuruhen.

Im Häuschen war alles klein, aber sehr sauber. Es gab einen kleinen Tisch, auf dem sieben kleine Teller, sieben kleine Löffel, sieben kleine Messer und Gabeln und sieben kleine Becher waren. An der Wand standen mit sauberer Bettwäsche bezogen sieben kleine Bettchen nebeneinander.

音読の
つぼ

auf dem ... Becher waren：テーブルの上にあるものを説明する場面で、イントネーションは Teller ♪ Löffel ♪ Gabeln ♪ und → waren ↘ となります。mit sauberer Bettwäsche bezogen：「清潔なシーツのかかった」ひとまとまりとして読んでみましょう。Bettchen：Bett の縮小形。「ベッtヒェン」

白雪姫は森の中を一人ぼっちで走っていました。何もかもが恐ろしく思えて、木々の葉をじっと見つめました。誰に助けを求めればいいのかもわかりません。白雪姫は岩の上や、いばらをかきわけて走りました。森の獣たちがそばを走って行きましたが、白雪姫を襲うものは一匹もいませんでした。白雪姫は足が動くかぎり、走って走って、走り続けました。あたりがうす暗くなる頃、白雪姫は小さな家を見つけました。そして少し休もうと、中に入りました。

　家の中は何もかもが小さくできていましたが、とてもこざっぱりしていました。小さなテーブルの上には小さなお皿が七つと小さなスプーンが七つ、小さなナイフとフォークも七本ずつ、そして小さなコップも七つ並んでいます。壁際にはきれいなシーツのかかった小さなベッドが七つありました。

Da Schneewittchen großen Hunger und Durst hatte, aß es von jedem Teller ein Löffelchen Gemüse und einen Bissen Brot. Aus jedem Becher trank es einen Schluck Wein. Es wollte nicht einem alles wegnehmen. Danach stützte es sich mit den Ellbogen auf dem Tisch auf und döste, da es zu Tode erschöpft war, ein.

Als es ganz dunkel geworden war, kamen die Herren des Häuschens nach Hause zurück. Es waren sieben Zwerge, die in den Bergen Gold und Kupfer abbauten. Sie zündeten die Lampe an und beleuchteten das Zimmer. Im hellen Licht sahen sie Schneewittchen am Tisch schlafen. Vor Überraschung schrien sie auf, kamen mit den Lampen zu ihm heran und beleuchteten es, um es besser zu sehen.

„Ei, du mein Gott! Was für ein schönes Mädchen das ist!" sagten sie mehrmals und sahen es ganz entzückt an. Sie ließen es ruhig bis zum Morgen weiterschlafen.

Überraschung：überraschen 驚かせるという動詞の名詞形です。überraschen は über という前つづりを持つ非分離動詞で、アクセントは -raschen にありますから、名詞形も -raschung にアクセントが置かれます。

白雪姫はとてもおなかがすいて、のども乾いていたので、それぞれのお皿から野菜とパンを一口ずつ食べました。そしてそれぞれのコップからワインを一口ずつ飲みました。一人の分だけ空っぽにしたくはなかったからです。それからテーブルに肘をついて、ウトウトしながら眠り込んでしまいました。くたくたに疲れ果てていたからです。

　すっかり夜になると、家の主たちが戻って来ました。それは七人の小人たちで、山で金や銅を掘って暮らしていました。小人たちはランプに火を灯して部屋を照らしました。明かりの中で、白雪姫がテーブルで寝ているのが見えました。小人たちはびっくりして、白雪姫をもっとよく見ようと、ランプを持って姫の近くに寄っていきました。

　「こりゃ、まあ、なんてきれいな娘なんだ！」小人たちは口々にそう言うと、白雪姫をうっとりと見つめました。そして姫を起こさないように、そっとそのまま寝かせてやりました。

Am nächsten Morgen, als Schneewittchen wach wurde und um sich die sieben Zwerge sah, fürchtete es sich. Aber sie sahen sehr nett aus. Sie fragten es nach dem Namen und es antwortete:

„Ich heiße Schneewittchen."

Sie fragten es weiter:

„Bist Du eine Prinzessin? Wie bist Du zu uns gekommen?"

Schneewittchen erzählte ihnen, was ihm passiert war.

„Na, gut, wir werden Dich schützen und Du kannst hier bleiben. Koch und feg für uns bitte!" sagten sie. Schneewittchen versprach, dass es den ganzen Haushalt führen würde und so begann es, bei ihnen zu wohnen.

翌朝、目をさました白雪姫は、小人たちを見て驚きました。でも
みな親切そうな様子です。小人たちに名前を聞かれて白雪姫は答え
ました。

「白雪姫といいます」
小人たちはまた尋ねます。
「お姫様だって？　一体どうしてここに来たんだね？」

　白雪姫はこれまでのことを話して聞かせました。
「それなら、俺たちがおまえさんを守ってあげよう。ここで暮ら
して、俺たちのために料理や掃除をしておくれよ」
　小人たちは言いました。白雪姫は家の仕事をすべてやると約束し、
小人たちの家で暮らすことになりました。

Es hielt ihnen das Haus in Ordnung. Morgens gingen die sieben Zwerge in den Berg zum Abbau und kamen abends nach Hause zurück. Für sie bereitete es Abendessen vor. Während die Zwerge den ganzen Tag im Berg arbeiteten, war Schneewittchen ganz allein zu Hause. Jeden Morgen, bevor sie das Haus verließen, warnten sie es:

„Sei immer vorsichtig! Die böse Königin wird bald merken, dass Du hier bist. Lass niemand herein, wer auch kommen mag."

Die Königin glaubte, dass sie das Fleisch und Blut Schneewittchens gegessen hatte. Sie war völlig davon überzeugt, dass sie die Schönste im Land war. Eines Tages trat sie vor den Zauberspiegel und fragte ihn:

„Spiegel, Spiegel an der Wand, wer ist die Schönste im ganzen Land?"

„Frau Königin, Sie sind hier die Schönste. Aber Schneewittchen, das fern hinter den Bergen bei den Zwergen wohnt, ist tausendmal schöner als Ihr" antwortete er.

abends：ds はツと発音します。「アーベンツ」。hier, tausendmal：前にも出てきたセリフです。強調して言ってみましょう。

白雪姫は家の仕事をきちんとこなしました。小人たちは、山で金や銅を掘るために毎朝出かけて行き、夜になると帰って来ました。小人たちが一日中、山で働いている間、白雪姫は家に一人ぼっちでした。そこで、毎朝仕事に出かける前、小人たちは白雪姫にこう忠告するのでした。

　「くれぐれも用心するんだよ。悪いお妃は、じきにおまえさんがここにいることに気づくだろう。誰が来ても絶対にドアを開けてはいけないよ」

　一方、お妃様は白雪姫の肉と血を食べたと信じていました。そして、自分こそ国じゅうで一番美しいと思っていました。ある日、お妃様はまた魔法の鏡に向かって尋ねました。

　「鏡よ、鏡、国じゅうで一番美しいのは誰？」

　「お妃様、ここで一番美しいのはあなた様です。でも、山のかなたの七人の小人の家に住む白雪姫は、あなた様の千倍も美しい」

Vor Zorn wurde sie ganz blass und zitterte, da sie wusste, dass der Spiegel immer nur die Wahrheit sagte.

Als sie merkte, dass der Jäger sie betrogen hatte und Schneewittchen immer noch am Leben war, heckte sie einen Plan aus, um es zu töten. Solange sie nicht die Schönste im Land war, ließ ihr der Neid keine Ruhe.

„Schneewittchen soll sterben, wenn es auch mein Leben kosten würde!" rief sie.

Dann schloss sie sich im Geheimzimmer ein und machte einen giftigen Apfel.

Er sah sehr lecker aus, teils rot, teils weiß und ein bisschen davon würde saftig schmecken. Doch er hatte schreckliche Kraft. Sollte man nur ein Stückchen davon essen, würde man im Nu sterben. Sie schminkte sich, kleidete sich wie eine alte Bäuerin und ging zum Häuschen der Zwerge.

blass, wusste, dass：ss の前の母音はつねに短母音ですから、ブラス、ヴステ、ダスとなります。

それを聞くとお妃様は、怒りのあまり真っ青になり、わなわなと震えました。鏡がいつも真実しか言わないことを知っていたからです。

　狩人が自分をだまし、白雪姫がまだ生きているのがわかると、お妃様は白雪姫を殺してやろうとたくらみました。国じゅうで一番美しいのが自分以外のだれかである限り、お妃様は気の安まることがなかったからです。

　「白雪姫を殺してやる！　たとえ私の命がなくなろうとも！」

　それからお妃様は秘密の部屋にこもると、毒入りリンゴを作りました。

　毒リンゴはとても美味しそうに見えました。皮には赤いところと白いところがあり、一口かめばみずみずしい美味しさが口の中に広がりそうでした。でも、このリンゴには恐ろしい力がありました。ほんの一口かじっただけで、食べた者はあっと言う間に死んでしまうのです。お妃様は化粧をして、年老いた農婦のような身なりに変装して小人たちの家に向かいました。

Sie klopfte an die Tür. Schneewittchen guckte aus dem Fenster heraus und sagte:

„Die Zwerge sagten, dass ich niemanden reinlassen darf."

„Ach, das macht mir nichts! Die Äpfel kann ich anderswo verkaufen. Nun, ich schenke dir einen. Nimm ihn ruhig!"

„Nein, das geht nicht. Das darf ich nicht."

„Hast du vielleicht Angst vor Gift? Na, gut. Ich halbiere ihn und du isst die rote Hälfte, ich die weiße."

Der Apfel war mit Geschick gemacht und nur der rote Teil war giftig. Schneewittchen starrte den schönen Apfel an und als es die Bäuerin ihn essen sah, konnte es nicht mehr widerstehen. Endlich streckte es die Hand hinaus und nahm die giftige Hälfte.

Kaum hatte es aber ein bisschen davon im Mund, fiel es tot auf den Fußboden.

Die Königin schaute es mit grauenhaftem Blick an, lachte schrill und verließ das Häuschen.

音読の
つぼ

👍 du isst die rote Hälfte, ich die weiße：「おまえは」と「私は」を対比させているセリフ
ですから、du と ich を強調して言いましょう。

小人たちの家に着くと、お妃様はドアを叩きました。すると白雪姫が窓から顔をのぞかせて言いました。

「小人たちに、誰も中に入れないように言われているんです」

「そんなことはどうでもいいよ。リンゴならよそでも買ってもらえるからね。どれ、このリンゴをおまえさんにやろう」

「いいえ、だめよ。もらえないわ」
「ひょっとして、毒が入っているとでも思っているのかい？　それじゃあ、こうして半分に切って、おまえさんが熟した赤い方、私が白い方を食べるというのはどうだい？」

　毒リンゴはとても巧みに作られていて、赤い皮の方にだけ毒があったのです。白雪姫は美味しそうなリンゴから目が離せなくなり、おばあさんが白い方のリンゴを食べているのを見ると、もう我慢ができなくなりました。そしてとうとう窓から手を出して、毒のある赤い方を手に取りました。

　そして、ほんの一口かじったかと思うと、白雪姫は床にばったり倒れて死んでしまいました。

　お妃様はその様子をぞっとするような目つきで眺め、甲高い笑い声を上げると、そこから立ち去りました。

⑦Sobald sie zum Schloss zurückkam, fragte sie den Zauberspiegel wieder:

„Spiegel, Spiegel an der Wand, wer ist die Schönste im ganzen Land?"

„Frau Königin, jetzt sind Sie die Schönste" antwortete er.

Sie war zufrieden und hatte Ruhe, da sie endlich von der Eifersucht auf Schneewittchen befreit war.

Am Abend kamen die sieben Zwerge nach Hause zurück. Sie sahen Schneewittchen auf dem Fußboden liegen, ⑧das weder atmete noch sich bewegte. Sie hoben es auf, wuschen das Gesicht mit Wasser und Wein, um herauszufinden, warum so etwas geschehen konnte. ⑨Alle Mühe war aber umsonst. Das arme Mädchen war tot.

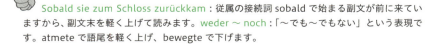

音読の
つぼ

　Sobald sie zum Schloss zurückkam : 従属の接続詞 sobald で始まる副文が前に来ていますから、副文末を軽く上げて読みます。weder ～ noch :「～でも～でもない」という表現です。atmete で語尾を軽く上げ、bewegte で下げます。

お妃様は城に帰ってくるとすぐに、魔法の鏡に向かって尋ねました。

「鏡よ、鏡、国じゅうで一番美しいのは誰？」

「お妃様、今やあなた様が一番美しい」

　お妃様は満足して、気持ちが鎮まりました。これでやっと白雪姫への嫉妬から解放されたからです。

　夜になって小人たちが家に帰ってきました。そして白雪姫が床に倒れているのを見つけました。姫は息もせず、身動きひとつしませんでした。そこで小人たちは姫を抱き起こし、なぜこんなふうになってしまったのか知ろうとして、姫の顔を水やワインで洗いました。でも何をしてもむだでした。白雪姫は死んでしまったのです。

Die Zwerge wollten Schneewittchen zwar begraben, aber dessen Backen waren so rot, als wäre es noch am Leben. Sie machten einen gläsernen Sarg, damit sie es von allen Seiten sehen konnten. Sie legten es in den Sarg hinein und schrieben mit goldenen Buchstaben darauf: Schneewittchen, eine Königstochter

Sie setzten den Sarg auf den Berggipfel und einer von den Zwergen blieb immer dort und bewachte ihn.

Eines Tages ging ein Prinz durch den Wald. Er fand oben auf dem Berg Schneewittchen im Sarg und las die goldene Inschrift darauf. Er kam zum Häuschen der Zwerge und übernachtete dort.

Am nächsten Morgen sagte er zu ihnen:

„Überlasst mir bitte den Sarg! Ich gebe euch alles, was ihr wollt."

„Nein, wir geben ihn nicht für alles Geld der Welt."

„Dann schenkt ihn mir bitte! Ich kann nicht mehr leben, ohne Schneewittchen zu sehen" sagte der Prinz verzweifelt.

音読の
つぼ

zwar 〜 , aber の表現です。begraben の語尾を少し上げましょう。übernachtete, Überlasst：どちらも über という前つづりを持つ非分離動詞で、-nachtete、-lasst にアクセントがきます。verzweifelt：verzweifeln の過去分詞、形容詞。ver は非分離前つづりなので、アクセントは zweifelt に置かれます。

96

小人たちは白雪姫を埋葬しようとしましたが、姫の頬はまるで生きているかのように赤いままでした。そこで小人たちは白雪姫をどこからでも見ることができるように、ガラスの棺を作りました。そして姫を棺に寝かせ、蓋の上に金色の文字で「白雪姫、王の娘」と書きました。

　小人たちは棺を山の頂に置き、毎日必ず一人が棺を見守りました。

　ある日、一人の王子が森を通っていました。そして山の上の棺の中に、白雪姫が横たわっているのを見つけました。王子は金色の文字を読むと、小人の家にやってきて一晩泊まりました。

　あくる朝、王子は小人たちに言いました。
「どうかあの棺を私に譲ってくれ。望みのものは何でもやろう」

「いいえ、たとえ世界中の金をもらってもそれはできません」
「それならば私に与えておくれ。白雪姫を見ないではもう生きていけないのだ」

Da die Zwerge gutherzig waren, empfanden sie mit ihm Mitleid und schenkten ihm den Sarg. Seine Untertanen trugen ihn auf den Schultern. Doch einer von ihnen stolperte über eine Baumwurzel und alle stürzten um. In diesem Moment sprang das Stückchen des giftigen Apfels aus dem Hals Schneewittchens heraus. Nach einer Weile machte es seine Augen auf, richtete sich auf und sagte:

„Mein Gott! Wo bin ich?"

„Bei mir! Ich habe Dich lieber als alles auf der Welt!" rief der Prinz vor Freude.

Der Prinz erzählte Schneewittchen, was ihm geschehen war und sagte:

„Komm mit mir zum Schloss meines Vaters! Ich möchte Dich heiraten."

Auch Schneewittchen hatte den Prinzen auf den ersten Blick lieb. Sie machten sich auf den Weg zum Schloss. Ihre Hochzeit wurde mit großer Pracht und Herrlichkeit angeordnet.

音読の
つぼ

Baumwurzel：b は両唇をしっかりつけてから破裂させる有声音 [b]、w は前歯を下唇の内側に軽くあてて出す有声音 [v] ですから、しっかり区別しましょう。auf den ersten Blick：「一目で」ひとまとまりで読みます。

王子は必死に頼みました。小人たちは心優しかったので、王子が気の毒になり、棺を王子に贈ることにしました。家来たちが棺を担ぎましたが、一人が木の根っこにつまずき、みなが転んでしまいました。その瞬間、白雪姫の喉から毒リンゴが飛び出しました。それからまもなく、白雪姫は目を開け、身を起こして言いました。

「あら、ここはどこなのかしら？」
「私のそばです！　あなたを世界中の誰よりも愛している、この私のそばにいるのですよ！」王子は喜びにあふれて叫びました。

　王子はこれまでのことを白雪姫に話すと、こう言いました。

「一緒に私の父である王の城に来てください。結婚しましょう」

　白雪姫も、一目見た時から王子が好きになっていました。それから二人は城に向かいました。二人のために盛大で華やかな結婚式がとり行われることになりました。

Die Königin war auch dazu eingeladen. Sie schmückte sich herrlich, ohne zu wissen, dass das die Hochzeit Schneewittchens war. Sie trat vor den Zauberspiegel und fragte ihn:

„Spiegel, Spiegel an der Wand, wer ist die Schönste im ganzen Land?"

„Frau Königin, Sie sind hier die Schönste. Aber die zukünftige Königin ist viel schöner als Ihr."

Da schrie sie vor Zorn auf und zitterte. Sie wusste nicht mehr, was sie tun sollte.

Zuerst wollte sie nicht zur Hochzeit gehen, entschied sich dann aber anders. Sie war so neidisch, dass sie nicht widerstehen konnte, die sogenannte zukünftige Königin zu sehen.

Die Königin trat in den Saal des Schlosses ein. Da fand sie Schneewittchen vor, von dem sie geglaubt hatte, es wäre längst tot. Schneewittchen saß als Braut neben dem Prinzen. Für eine Weile blieb die böse Königin wie ohnmächtig stehen, aber dann wurde sie von Furcht und Angst überfallen, fiel um und starb.

音読の
つぼ

hier, die zukünftige Königin：「ここでは」、「未来の女王様」またもや女王を激怒させる鏡のセリフですから、強調して言いましょう。 so ～ , dass ～：「とても～なので～だ」という表現です。neidisch の語尾を軽く上げて読みましょう。saß：ß（エスツェット）の前の母音は

さて、お妃様も結婚式に招待されていましたので、白雪姫の結婚式とも知らずにいそいそと着飾りました。そして魔法の鏡に向かって尋ねました。

「鏡よ、鏡、国じゅうで一番美しいのは誰？」

「お妃様、ここではあなたが一番美しい。でも未来のお妃様はあなた様の千倍も美しい」

　お妃様は怒りのあまり叫び、わなわなと震えました。何をどうしたらよいのかわかりませんでした。
　はじめは結婚式にはもう行くものか、と思いましたが、やがて考え直しました。お妃様はとても嫉妬深く、未来のお妃がどんなふうなのか知りたくて我慢ならなかったのです。

　お妃様は城の大広間に入りました。するとそこには、とっくに死んだと思っていた白雪姫がいるではありませんか。白雪姫は花嫁として王子の隣に座っていました。お妃様はつかのま、呆然とそこに立ち尽くしていましたが、やがて恐怖と不安に襲われ、床にばったり倒れ込むとそのまま死んでしまいました。

長母音か二重母音です。ザースと伸ばします。ohnmächtig：hは前の母音を伸ばす印ですからオーンと伸ばします。

① jn./et.⁴ nicht leiden können 「～を我慢できない、～に耐えられない」

> …und konnte es nicht leiden, dass sie an Schönheit von jemandem übertroffen wurde.（p.76, 8行目）
> （お妃様は）自分よりも美しい人が他にいることが我慢できないのでした。

　et.⁴ nicht aushalten können も同じ意味です。「我慢」に関する語には、die Geduld「忍耐、辛抱」、Geduld haben「我慢する」、geduldig「我慢強い」、unerträglich「我慢できない」、die Geduld verlieren / jm. die Geduld ausgehen「我慢できなくなる、辛抱しきれなくなる」、などがあります。

　［例文］Ich kann sein Benehmen nicht mehr leiden.
　　　　　私は彼の態度にはもう我慢できない。

　　　　　Den Lärm konnte sie nicht aushalten.
　　　　　彼女は騒音に耐えられなかった。

② die Schönste 「もっとも美しい人」

> Sie sind die Schönste im Land.（p.76, 下から7行目）
> それ（国じゅうで一番美しいの）はあなた様です。

　定冠詞＋形容詞＝形容詞の名詞化で、「～な人、もの」を表し、最上級では「もっとも～な人、もの」となります。形容詞には語尾をつけ、語頭は大文字になります。
　der Mutige「その勇敢な男」、der Mutigste「そのもっとも勇敢な男」、die Deutsche「そのドイツ人女性」、die Reichen「富裕な人々」、das Wichtige「重要なこと」、das Wichtigste「もっとも重要なもの」

③ keine Ruhe haben 「平静でいられない、安心できない」

> Tags und nachts hatte sie keine Ruhe mehr.（p.78, 下から6行目）
> （お妃様は）昼も夜も、心が安まるときはありません。

Ruhe には「休息、休養、静寂、静けさ」などの意味がありますが、ここでは「心のやすらぎ、平静、冷静、落ち着き」、といった意味です。

④ jn. um et.⁴ bitten 「〜に〜を（与えてくれるように、〜するように）頼む」

Da es so schön war und verzweifelt um Hilfe bat, ...
（p.80, 8行目）
白雪姫があまりに美しく、必死に助けを求めたので、……

頼む相手は4格、またum も4格支配の前置詞です。だれかに何かを求めたり、あるいは〜してくれと頼むときの表現です。zu不定句やdass副文の形もあります。

[例文] Er hat den Vorsitzenden ums Wort gebeten.
　　　　彼は議長に発言を求めた。

Wir bitten Sie um Ihr Verständnis.
皆様のご理解をお願いします。

Ich habe sie darum gebeten, mit mir zu kommen (dass sie mit mir kommt).　私は彼女に一緒に来てくれるよう頼んだ。

⑤ jm./et.³ zum Opfer fallen 「〜の犠牲になる」

Er dachte aber, dass es bald den wilden Tieren zum Opfer fallen würde.（p.80, 10行目）
でも心の中では、じきに獣のえじきになってしまうだろうと思っていたのです。

「事故や災害、戦争で犠牲者が出た」と言う場合には Der Unfall (Die Flut / Der Krieg) forderte viele Opfer.「その事故（洪水 / 戦争）では多くの死者が出た」というふうにも言えます。

[例文] Viele Kinder sind der Hungersnot zum Opfer gefallen.
　　　　多くの子どもたちが飢饉の犠牲になった。

Seit Jahren sind viele alte Leute der Täuschung zum
Opfer gefallen.
ここ何年か多数の高齢者が詐欺の犠牲になっている。

⑥ an et.³ keinen Zweifel haben 「〜についてまったく疑問に思わない」

Sie hatte keinen Zweifel daran, dass sie das Fleisch und
Blut Schneewittchens gegessen hatte.（p.80, 下から2行目）
（お妃様は）白雪姫の肉と血を食べたのだと信じて、露ほども疑いませんでした。

Zweifelは「疑念、疑惑、不信の念」。ちなみに裁判で耳にする「疑わしきは罰せず（疑わしい場合には被告の有利に）」は、Im Zweifel für den Angeklagten.

［例文］Sie haben keinen Zweifel daran, dass er unschuldig ist.
彼らは彼の潔白を信じて疑っていない。

⑦ sobald 「〜したらすぐに、〜するやいなや」

Sobald sie zum Schloss zurückkam, fragte sie den
Zauberspiegel wieder:（p.94, 1行目）
お妃様は城に帰ってくるとすぐに、魔法の鏡に向かって尋ねました。

sobaldは従属の接続詞の一つです。本文はsobald以下の副文（英語では従属節）が前に置かれ、主文が後ろにきています。副文中では動詞や助動詞の定形が文末に置かれること、また本文のように副文が前に置かれると、その直後に主文の定形が来ることに注意しましょう。

［例文］Ich komme, sobald du mich anrufst.
電話してくれればすぐに行くよ。

Sobald sie ihn sah, lief sie auf ihn zu.
彼女は彼を見ると、すぐに駆け寄った。

⑧ weder~noch~ 「～でも～でもない」

..., das weder atmete noch sich bewegte. （p.94, 下から4行目）
姫は息もせず、身動きひとつしませんでした。

ある人（もの、こと）が「～でも～でもない」、「～も～もしない」というときの言い方です。

[例文] Die Töchter sind weder schön noch klug.
娘たちは美人でもなければ賢くもない。

Ich habe weder Zeit noch Lust dazu.
僕は時間もないし、その気もないよ。

Weder hat er davon gewusst noch gehört.
彼はそれについて知らなかったし、聞いてもいなかった。

⑨ umsonst 「無駄に、いたずらに」

Alle Mühe war aber umsonst. （p.94, 下から2行目）
でも何をしてもむだでした。

同じく副詞のvergebens、形容詞vergeblichでも言い換えられます。

[例文] Alles Bitten war umsonst (vergebens/vergeblich).
どんなに頼んでも無駄だった。

Wir haben umsonst (vergebens/vergeblich) auf ihn
gewartet.　私たちは彼を待ったが無駄だった。

言葉はいきもの

　一般的に、姫に当たるドイツ語はdie Prinzessin、女王はdie Königinで、それぞれ王子der Prinz、王der Königに対応します。このように一部の男性名詞に-inの語尾をつけると女性形が出来ることはドイツ語の授業の早い時期に習います。その時よく出てくる例が大学生に当たるder Student（複数：die Studenten）とdie Studentin（複数：die Studentinnen）です。このお馴染みの単語に変化が生まれています。ジェンダーを必要以上に強調しないという時代の流れでしょうか。まだ一般的とは言えませんが、特に複数形でdie Studierenden（学ぶ者たち）を使うケースが増えています。

　博士課程の学生は、まだ一般的にはder Doktorand（複数: die Doktoranden）、die Doktorandin（複数: die Doktorandinnen）ですが、ここでも動詞promovieren（博士号を取得するために論文を書く）の現在分詞形から der Promovierende、die Promovierende、複数形は両性ともdie Promovierendenという言い方が生まれています。

　不思議なことに教授は未だにder Professor（複数：die Professoren）、die Professorin（複数：die Professorinnen）のままです。

　言葉は生身の人間が使う「なまもの」で、生きていますから、変化はつきものです。単語だけでなく、文法にも変化は生まれています。

MP3
5

ヘンゼルとグレーテル

Hänsel und Gretel

Vor einem großen Wald wohnte ein armer Holzhacker mit seiner Frau und seinen zwei Kindern. Der Junge hieß Hänsel und das Mädchen Gretel. Sie waren arm und oft konnten sie das tägliche Brot nicht beschaffen.

Eines Abends machte sich der Vater Gedanken im Bett. Er wälzte sich vor Sorgen herum und seufzte:

„Was soll aus uns werden? Wie können wir unsere armen Kinder ernähren, da wir für uns selber nichts mehr haben?"

„Ich habe eine gute Idee" antwortete die Frau. „Wir werden morgen früh die Kinder in den Wald führen, wo er am dichtesten ist. Da machen wir Feuer an und geben jedem ein Stückchen Brot. Dann gehen wir zur Arbeit und lassen sie dort allein. Sie finden den Rückweg nach Hause nicht und wir werden sie los."

„Nein, das kann ich nicht!" sagte er. Aber die Frau überredete ihn und am Ende konnte er sich nicht mehr weigern.

昔々、大きな森のすぐそばに木こりの夫婦と二人の子どもが暮らしていました。男の子はヘンゼル、女の子はグレーテルといいました。一家は貧しく、その日の食べ物にもこと欠くほどでした。

　ある晩、木こりはベッドの中で、この先どうやって暮らしていこうかあれこれと考えました。何度も寝返りを打ち、ため息をついて言いました。

　「この先わしらはどうなるんだろう？　どうやって子どもたちを食べさせていけばいいのやら。自分たちが食べる分すらもうないのに」

　「私にいい考えがあるよ」おかみさんが答えました。「明日の朝早く、子どもたちを森に連れていくのさ。それもうんと奥深くにね。そこでたき火をするんだ。あの子たちにはパンを一切れずつ渡してね。それから私たちは仕事に行き、二人を置き去りにするのさ。帰り道なんてわかりゃしないから、それで厄介払いできるってわけだよ」

　「そんなことわしにはできない！」木こりは言いましたが、最後にはおかみさんに言いくるめられて何も言えなくなってしまいました。

Vor Hunger konnten die zwei Kinder nicht schlafen und hörten, was die Stiefmutter zum Vater sagte. Gretel schluchzte und sagte zu Hänsel:

„Was soll aus uns werden?"

„Sei doch ruhig, Gretel. Mach Dir keine Sorgen und schlaf gut. Gott wird uns nicht verlassen" sagte er.

Als die Eltern eingeschlafen waren, stand er auf, zog die Jacke an und schlich sich hinaus. Da schien der Mond ganz hell und die weißen Kieselsteine, die vor dem Haus lagen, glänzten wie Silbermünzen. Hänsel nahm sie und steckte so viele wie möglich in die Tasche. Als seine Tasche voll war, ging er wieder ins Haus zurück und legte sich in sein Bett schlafen.

so viele wie möglich :「できるだけたくさんの小石」ひとまとりとして読みます。

子どもたちはお腹がすいて眠れなかったので、継母がお父さんに話したことをすっかり聞いてしまいました。グレーテルは悲しくてしくしく泣き出し、ヘンゼルに言いました。

「私たちは一体どうなるの？」

「落ち着くんだ、グレーテル。心配しないで、ぐっすりお休み。神様は僕たちを見捨てたりしないよ」

　両親が眠ってしまうと、ヘンゼルは起き上がり、上着を着ると、こっそり家の外に出ました。外は月がこうこうと輝き、家の前に散らばっている白い小石がまるで銀貨のようにキラキラ光っていました。ヘンゼルは小石を拾って、ポケットに入るだけ詰め込みました。ポケットが石で一杯になると、家に戻ってベッドに横になりました。

Am nächsten Morgen kam die Mutter und weckte die Kinder auf.

„Steht auf, ihr Faulenzer! Wir wollen in den Wald gehen und Holz holen" sagte sie.

Sie gab jedem ein Stückchen Brot und sagte:

„Da habt ihr etwas zum Mittagessen, aber ihr dürft das vorher nicht essen. Später bekommet ihr nichts mehr!"

Gretel nahm das Brot für die beiden in ihre Schürzentasche, da die Tasche Hänsels voll von Steinen war. Danach machten sie sich alle zusammen auf den Weg zum Wald.

Hänsel lief ganz hinten. Er nahm immer wieder einen Kieselstein aus seiner Tasche und warf ihn sehr vorsichtig auf den Weg, damit die Eltern nichts merkten.

音読の
つぼ

Schürzentasche：Schürzen（エプロン）＋ Tasche（ポケット）の複合語。Schürzen にアクセントがきます。voll von Steinen：voll von 〜は「〜で一杯の」という意味です。ひとまとまりとして読みますが、von は弱く早く発音されます。

翌朝、継母が子どもたちを起こしに来ました。

「さっさと起きるんだよ、怠け者だね！　みんなで森に行って薪を
集めるからね」
　継母は二人にパンを一切れずつ渡して言いました。
「これは昼ごはんだよ。あとは何もないから、それまで食べるん
じゃないよ」

　グレーテルはヘンゼルの分も受け取って、前掛けのポケットに入
れました。ヘンゼルのポケットは小石で一杯だったからです。それ
から一家はそろって森に向かいました。

　ヘンゼルは一番後ろを歩いていました。途中、両親に気づかれな
いよう気を付けながら、こっそりポケットから小石を取り出しては、
道に落としていたのです。

Als sie mitten im Wald ankamen, sagte der Vater:

„Nun, sammelt Holz, ihr Kinder. Ich will ein Feuer machen, damit ihr nicht friert."

Hänsel und Gretel gehorchten ihm und sammelten Holz zusammen. Als das Holz angezündet wurde und die Flamme recht hoch brannte, sagte die Mutter: „Setzt euch ans Feuer und ruht euch aus. Wir wollen Holz hacken. Wenn wir fertig sind, kommen wir wieder und holen euch ab."

Hänsel und Gretel saßen am Feuer und aßen zu Mittag ein Stückchen Brot.

Sie hörten die Schläge der Holzaxt, und so glaubten sie, dass ihr Vater in der Nähe sei. Es war aber nicht die Holzaxt, sondern ein Ast, den er an einen Baum gebunden hatte und den der Wind hin und her schlug.

Die Kinder hatten keine Ahnung davon und warteten so lange auf die Eltern, dass die Augen ihnen vor Müdigkeit zufielen und sie einschliefen.

森の真ん中にやってくると、お父さんが言いました。

「さあ、枝を集めておいで。おまえたちが寒くないように火を起こすから」

ヘンゼルとグレーテルは言いつけどおり、枝を集めました。枝に火がつけられて炎が上がると、継母が言いました。

「火のそばに座って休んでおいで。あたしたちは木を切りに行ってくるよ。終わったら迎えに来るからね」

ヘンゼルとグレーテルは火のそばに座りました。お昼になると、めいめい一切れのパンを食べました。

斧で木を切る音が聞こえていたので、二人はお父さんが近くにいるものと思っていました。でも、それは斧の音ではありませんでした。お父さんが木にくくり付けておいた枝が、風に吹かれて木にぶつかるたびに音をたてていたのです。

そうとは知らず、二人は両親が戻るのを長い間待っていましたが、やがて目が重たくなり、ぐっすり眠り込んでしまいました。

Als sie wach wurden, war es schon Abend. Gretel begann zu weinen und sagte:

„Wie kommen wir aus dem Wald heraus und zurück nach Hause?"

„Warte eine Weile. Bald geht der Mond auf, dann werden wir den Weg finden" tröstete Hänsel sie.

Als der Mond aufging, nahm er die Schwester an der Hand und ging den Kieselsteinen nach, die er am Morgen auf den Boden geworfen hatte. Im Mondlicht schimmerten sie wie Silbermünzen und zeigten ihnen den Weg. Sie liefen durch die Nacht und bei Morgendämmerung kamen sie wieder zu ihrem Haus.

Sie klopften an die Tür und der Vater machte ihnen auf. Als er sah, dass es Hänsel und Gretel waren, freute er sich. In der Tat hatte er Reue verspürt, seine Kinder im Wald allein zurückgelassen zu haben und konnte die ganze Nacht nicht schlafen. Es war für die Stiefmutter eine böse Überraschung, die beiden wiederzusehen. Sie setzte eine Unschuldsmiene auf und sagte:

„Ach, meine lieben Kinder! Was für große Sorgen ich mir um euch gemacht habe!"

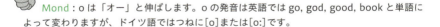

Mond：o は「オー」と伸ばします。o の発音は英語では go, god, good, book と単語によって変わりますが、ドイツ語ではつねに[o]または[o:]です。

目を覚ますと、もう夜になっていました。グレーテルは泣き出して言いました。
「どうやって森から出ればいいの？」

「もうちょっと待っておいで。お月様が上るから。そうすれば帰り道がわかるよ」ヘンゼルはグレーテルを慰めました。
　月が上ると、ヘンゼルはグレーテルの手をとって歩き出しました。朝来るときに道に落としておいた小石をたどるのです。月の光に照らされて、小石はまるで銀貨のようにキラキラ輝いて、道を教えてくれました。二人は一晩中歩き続け、夜が明けるころには、家にたどり着きました。

　ドアを叩くと、お父さんが開けてくれました。二人を見るとお父さんは喜びました。実は子どもたちを森に置き去りにしたことを後悔して、一晩中眠れなかったからです。けれども継母にとってはちっともうれしくない驚きでした。それでも何食わぬ顔で二人に言いました。

「ああ、可愛い子どもたち！　あんたたちのことを、どれだけ心配したことか」

An diesem Abend hörten Hänsel und Gretel wieder die Stiefmutter im Bett zum Vater sprechen. Sie warf ihrem Mann vor:

„Wir hätten die Kinder noch tiefer in den Wald hineinführen sollen. Morgen wollen wir es tun, damit sie den Weg nicht mehr herausfinden."

Der Vater wollte es nicht, aber am Ende ließ er sich überreden und konnte sich nicht mehr weigern.

Als die Eltern einschliefen, stand Hänsel auf und wollte hinausgehen, um wie das letzte Mal Kieselsteine zu sammeln. Doch die Mutter hatte die Tür verschlossen und er konnte nicht raus. Aber er tröstete die Schwester und sagte:

„Weine nicht, Gretel! Schlaf gut. Gott wird uns helfen."

Am frühen Morgen weckte die Mutter die Kinder auf und gab jedem wieder ein Stückchen Brot, das aber noch kleiner als das letzte Mal war. Da kam Hänsel auf eine Idee: Ich werde das Brot bröckeln und statt der Kieselsteine die Bröckchen auf den Weg werfen!

音読の
つぼ

wie das letzte Mal：「この前のように」ひとまとまりとして読みましょう。

その夜、ヘンゼルとグレーテルはまたもや、継母がベッドでお父さんに話しているのを聞いてしまいました。継母はお父さんをなじって言いました。

「あの子たちをもっと森の奥深くに置いてくるんだった。明日はそうすることにしよう。二度と帰り道を見つけられないようにね」

　お父さんはそんなことはしたくありませんでした。でもやはり最後には継母に言いくるめられて、言う通りにするしかありませんでした。

　両親が寝入ってしまうと、ヘンゼルは起き出しました。そして昨日のように小石を集めようと、外に出ようとしました。ところが継母がドアに鍵をかけていたので、出られませんでした。けれどもヘンゼルは妹をなぐさめて言いました。

「泣かないで、グレーテル！　ぐっすりお休み。神様が助けてくれるから」

　翌朝早く、継母は二人を起こし、またパンを一切れずつ渡しました。でも昨日よりずっと小さなパンでした。そのときヘンゼルにある考えが浮かびました。このパンを粉々にして、小石の代わりに道に落とせばいいんだ！

Der Vater und die Stiefmutter führten Hänsel und Gretel noch tiefer in den Wald.

Da machten sie wieder Feuer an und versprachen ihnen, am Abend wieder zu kommen. Als es Mittag war, teilte Gretel ihr Brot mit ihrem Bruder, da er sein Stück auf den Weg gestreut hatte. Dann schliefen sie ein. Als sie wieder wach wurden, war es schon dunkel. Hänsel tröstete die Schwester und sagte: „Warte nur, Gretel, bis der Mond aufgeht und dann werden wir die Bröckchen sehen, die ich gestreut habe. Die zeigen den Weg nach Hause."

Als der Mond aufging, standen sie auf und begannen zu laufen. Doch sie konnten kein Bröckchen finden, denn die vielen Vögel im Wald hatten alles aufgepickt. Sie liefen die ganze Nacht durch und noch einen Tag von Morgen bis Abend. Aber sie konnten den Weg aus dem Wald nicht finden.

von Morgen bis Abend：「朝から晩まで」ひとまとまりとして読みます。

120

お父さんと継母は、子どもたちを昨日よりもっと森の奥深くに連れて行きました。

　そしてたき火をすると、夕方には戻ってくるからと約束して行ってしまいました。昼になると、グレーテルは自分のパンをヘンゼルに分けてあげました。ヘンゼルは自分の分を、来る途中で全部道にまいてしまったからです。それから二人は眠り、目を覚ましたときには日はすっかり暮れていました。ヘンゼルは妹を安心させようとして言いました。

　「グレーテル、お月様が上るまで待っておいで。そうすれば朝にぼくが道にまいておいたパンのかけらが見えるから。それをたどっていけばいいのさ」

　やがて月が上ると、二人は立ち上がって歩き出しました。ところがパンのかけらは一つも見つかりません。森の小鳥たちが、一つ残らずついばんでしまっていたからです。二人は一晩中歩き、次の日も朝から夜まで歩き続けました。でも森の外に出ることはできませんでした。

Nun war es schon der dritte Morgen, nachdem sie das Haus verlassen hatten. Sie waren hungrig und müde und konnten nicht mehr laufen. Da sahen sie ein schönes weißes Vögelein auf einem hohen Ast sitzen. Es sang so wunderschön, dass sie ihm entzückt zuhörten. Als es damit fertig war, schlug es mit den Flügeln und flog vor ihnen her. Sie gingen ihm nach, bis sie zu einem Häuschen gelangten, auf dessen Dach es sich setzte. Hänsel und Gretel kamen ganz nah ans Häuschen heran und fanden, dass es aus Brot gebaut und mit Kuchen gedeckt war. Und die Fenster waren von hellem Zucker.

„Vielleicht können wir hier wohnen! Ich will ein Stück vom Dach essen. Gretel, Du kannst ein Stück vom Fenster essen. Das schmeckt süß."

Hänsel kletterte aufs Dach hinauf, nahm ein Stückchen davon und kam wieder herunter. Gretel kam ans Fenster und fing an, daran zu knabbern.

音読の
つぼ

hungrig：語末の ig は ich と同じ「イッヒ」と発音します。traurig トラウリッヒ neugierig ノイギーリッヒ。 hohen：hoch「高い」という形容詞です。ein hoher, eine hohe, ein hohes のように格変化し、o の後の h は読まずにオーと伸ばします。 比較級 höher 最上級 höchst

家を出てからもう三日目です。二人はおなかがぺこぺこで疲れ果て、もう一歩も歩けませんでした。そのとき、高い枝に一羽の美しい白い小鳥がとまっているのが見えました。小鳥のさえずりがあまりに美しかったので、二人はうっとりと聞き入ってしまいました。歌い終わると小鳥は羽を広げ、二人の前を飛びまわりました。二人が小鳥を追って歩いていくと、やがて小さな家にたどり着きました。小鳥は家の屋根にとまりました。ヘンゼルとグレーテルが近づいてみると、その家はパンでできていて、屋根はクッキーで葺いてあるのがわかりました。窓はなんと淡い色の砂糖菓子でできています。

　「ひょっとしたらここに住めるかもしれないね！　ぼくは屋根を少し食べてみるよ。グレーテル、おまえは窓を食べるといい。きっとおいしいよ」

　ヘンゼルは屋根に上ってクッキーでできた屋根を少し取って降りてきました。グレーテルは窓に近寄ると、砂糖菓子の窓をかじり始めました。

Da hörte man eine feine Stimme aus dem Häuschen:

„Knusper, knusper, Knäuschen, wer knuspert an meinem Häuschen?"

„Der Wind, der Wind, das himmlische Kind" antworteten die Kinder und aßen immer weiter. Plötzlich ging die Tür auf und eine steinalte Frau kam heraus, die sich auf einen Stock stützte.

„Ei, ihr lieben Kinder! Woher seid ihr gekommen? Kommt rein und ruht euch aus. Nichts Schlimmes wird euch passieren" sagte die Frau.

Sie fasste die beiden an der Hand und führte sie ins Häuschen. Auf dem Tisch war gutes Essen. Milch, Pfannkuchen mit Zucker, Äpfel und Nüsse. Außerdem waren zwei mit weißem Leinen bedeckte Bettchen für sie bereit. Die Kinder legten sich hinein und meinten, dass sie im Himmel wären.

そのときです。家の中から優しい声が聞こえてきました。

　「カリカリ、カリカリ、コーリコリ　私の家をかじっているのは誰なんだい？」

　「風です、風です、お空の子だよ」二人は答えて、またせっせと食べ続けました。すると突然、家のドアがあいて、中から恐ろしく年をとったおばあさんが杖をつきながら出てきました。

　「おやまあ、可愛らしい子どもたちだこと！　一体どこから来たんだね？　さあさあ、中に入って一休みするといいよ。悪いことなんか何も起きやしないからね」

　おばあさんは二人の手をつかんで家の中に引き入れました。テーブルの上には美味しそうなごちそうが並んでいました。ミルクに、砂糖のかかったパンケーキ、リンゴにクルミもあります。おまけに白いシーツのかかった二つの小さなベッドまで用意してありました。二人はまるで天国にいるみたいだと思いながら、ベッドにもぐり込みました。

ヘンゼルとグレーテル

Obwohl die alte Frau sich sehr freundlich verhielt, war sie in der Tat eine böse Hexe.

Sie hatte das Kuchenhaus nur darum gebaut, um die Kinder herbeizulocken. Wenn ein Kind ihr in die Falle ging, tötete und kochte sie es und machte ein Festmahl daraus.

Hexen haben rote Augen und können nicht weit sehen, aber sie haben feine Nasen wie die Tiere und wittern es, wenn Menschen herankommen. Als Hänsel und Gretel in die Nähe des Kuchenhauses kamen, lachte sie boshaft und meinte:

„Hi, hi! Die will ich ergreifen, sie können mir nie entkommen."

音読の
つぼ

Obwohl ... verhielt : obwohl「〜ではあるけれども」という意味の従属の接続詞で始まる副文が前に来ていますので、verhielt の語尾を少し上げて読みましょう。Die : ヘンゼルとグレーテルを指しています。ディーと強く発音します。

おばあさんは親切そうにしていましたが、じつは恐ろしい魔女でした。

　お菓子の家を作ったのも、子どもたちをおびきよせるためだったのです。子どもが罠にかかると、殺して料理し、まるでお祝いの日のごちそうのように食べてしまうのです。

　魔女は赤い目をしていて、遠くを見ることができませんが、動物のように鼻がきき、人間が近づくとわかるのです。ヘンゼルとグレーテルが家に近づいてきた時も、魔女は邪悪な笑いを浮かべながらこう思っていました。

　「ヒッ、ヒッ！　あの子どもらをつかまえてやる。絶対に逃がしやしないよ」

Am nächsten Morgen stand die Hexe auf, bevor die Kinder wach wurden. Sie sah die beiden so ruhig schlafen.

„Aus ihnen wird sicherlich ein leckeres Gericht!" sagte sie, packte Hänsel mit ihrer dürren Hand und brachte ihn in den Stall, wo sie ihn einsperrte und die Gittertür verschloss. Ihm war nicht zu helfen, wie laut er auch weinen und schreien mochte.

Danach kam die Hexe zu Gretel, schüttelte sie und rief:

„Steh auf, Faulenzerin! Hol Wasser und koch deinem Bruder etwas Gutes, der draußen im Stall sitzt und fett werden soll. Wenn er dick und fett wird, dann will ich ihn essen."

Gretel begann zu weinen. Aber wie bitterlich sie auch weinen mochte, es half nichts. Das einzige, was sie tun konnte, war der Hexe zu gehorchen.

翌朝、魔女はヘンゼルとグレーテルが目を覚ます前に起きました。魔女は二人の安らかな寝顔を眺めて言いました。

　「こりゃあ、うまい料理が作れそうじゃわい」そして、やせて干からびた手でヘンゼルをつかまえると小さな家畜小屋に連れていき、鉄格子のついた扉を閉めて中に閉じ込めてしまいました。ヘンゼルがどんなに泣き叫ぼうと、どうにもなりませんでした。

　魔女は次にグレーテルのところに行き、体を揺さぶってこう言いました。
　「さあ、起きるんだよ、この怠け者！　さっさと水を汲んできて、外の小屋にいるお前の兄さんに何かうまいものを作ってやるんだ。兄さんが丸々と太ったら、わしが食ってやるからね」

　グレーテルは泣き出しました。でもどれだけ泣いてもどうにもなりません。グレーテルにできることといえば、魔女のいいつけに従うことだけでした。

Jeden Tag wurde dem armen Hänsel das beste Essen bereitgestellt. Dagegen erhielt Gretel nichts als Krebsschalen. Jeden Morgen ging die Hexe zum Stall und rief:

„Hänsel, streck deine Finger heraus, damit ich fühlen kann, ob du schon fett bist."

Jedes Mal streckte Hänsel ihr aber ein Restknöchelchen statt seiner Finger heraus.

Da die Hexe schlechte Augen hatte, hielt sie das Knöchelchen immer für Hänsels Finger und wunderte sich, dass er gar nicht fett wurde. Nach einem Monat blieb er immer noch mager. Endlich verlor sie die Geduld und wollte nicht mehr warten.

„Gretel! Es ist egal, ob er fett oder mager ist. Morgen werde ich ihn töten und kochen."

Die arme Gretel weinte bitterlich.

„Lieber Gott, hilf uns doch bitte! Wenn die wilden Tiere uns gefressen hätten, dann hätten wir zusammen sterben können" sagte sie.

„Hör auf mit deinem Geplärr! Es hilft dir nichts" sagte die Hexe.

音読の
つぼ

Krebsschalen : Krebs（ザリガニ）＋ Schalen（殻）

それから毎日、ヘンゼルには特上のごちそうが用意されました。反対にグレーテルはザリガニの殻しかもらえませんでした。毎朝、魔女は小屋に行くと、大声でこう言いました。

「ヘンゼル、指をお出し！　おまえが丸々太ったかどうか確かめるのさ」
　ヘンゼルはいつも、自分の指を出す代わりに、ごちそうの残りの小骨を差し出していたのです。
　けれども魔女は目が悪いので、その骨をてっきりヘンゼルの指だと思い込み、いつまでたってもヘンゼルが太らないのを不思議に思っていました。ひと月たってもヘンゼルはやせこけたままでした。魔女はとうとうしびれを切らし、もう待てなくなりました。

「グレーテル！　ヘンゼルが太っていようがやせていようが、もうどっちでも構いやしない。明日、殺して食ってやる」
　グレーテルは激しく泣いて言いました。
「神様、どうかお助け下さい！　もしも森でけものに食べられていたら、私たちは一緒に死ねていたのに」

「泣くのもいい加減におし！　泣いたって何の役にも立ちゃしないよ！」魔女が言いました。

Am Nächsten Morgen füllte Gretel einen Kessel mit Wasser, hängte ihn über dem Herd auf und zündete das Feuer an. Da sagte die Hexe:

„Erst wollen wir Brot backen. Ich habe den Backofen schon eingeheizt und den Teig geknetet. Gretel, komm und kriech hinein! Schau mal, ob er recht eingeheizt ist, damit wir das Brot gut backen können."

Aus dem Backofen schlugen schon die Flammen heraus. Die Hexe hatte gemeint: Wenn das Mädchen sich dem Backofen näherte, wollte sie es von hinten hineinstoßen und den Backofen zumachen! Da sollte Gretel darin braten und die Hexe wollte es auffressen.

Doch Gretel war klug und mutig und erkannte die Absicht der Hexe.

„Wie kann ich in den Backofen hineinkommen?" sagte sie.

„Ach, du dumme Gans! Du kannst einfach die Tür aufmachen und reinkriechen, da die Öffnung groß genug ist. Ich könnte selbst hinein, siehst du nicht?"

Ich könnte selbst hinein, siehst du nicht? : 魔女が「自分にだってできるのに、わからないのかい？」と、飲み込みの悪いグレーテルにイライラしながら言うセリフです。

翌朝、グレーテルは鍋に水を一杯入れると暖炉に吊るし、火をつけました。すると魔女が言いました。

　「まずパンをこしらえるとしよう。かまどは温めてあるし、生地も練ってある。グレーテル、こっちに来てかまどにお入り。パンがうまく焼けるぐらい、中が熱くなっているか見るんだよ」

　かまどからは炎が上がっていました。魔女はこう思っていたのです——娘がかまどに近づいたら、後ろからドンと押してかまどの中に閉じ込めてしまえ。こんがり焼けたら、食ってやろう、と。

　でもグレーテルは賢くて勇気のある娘で、魔女のたくらみを見抜いていました。
　「どうやってかまどに入ったらいいのかしら?」グレーテルは言いました。
　「なんて馬鹿な娘なんだい! ただ扉を開けて中に入ればいいだけさ、かまどの口はこんなに大きいんだから。わしでさえ入れるのに、わからんのか?」

H28

Die Hexe kroch heran und steckte den Kopf in den Backofen. Da gab Gretel ihr einen Stoß und sie fiel hinein. Schnell machte Gretel die Tür zu und schob den Riegel vor. Da hörte man die Hexe grauenhaft heulen und schreien. Gretel verstopfte sich die Ohren und lief davon. Sie lief zum Stall, wo Hänsel eingesperrt war, öffnete die Tür und rief:

„Hänsel, wir sind frei! Die böse Hexe ist tot!"

H29

Die Kinder umarmten sich fest. Sie waren so glücklich, dass sie Hand in Hand herumsprangen. Dann gingen sie in das Haus der Hexe hinein, denn sie hatten jetzt nichts mehr zu fürchten. Da gab es in allen Ecken Kästen mit Perlen und Edelsteinen.

„Sie sind viel schöner als Kieselsteine" sagte Hänsel und steckte so viele wie möglich in seine Tasche.

„Ich bringe auch etwas nach Hause mit" sagte Gretel und füllte die Tasche ihrer Schürze. Da sagte Hänsel:

„Jetzt wollen wir los, damit wir aus dem boshaften Wald herauskommen."

魔女は這いつくばうようにして、かまどの中に頭を突っ込みました。その瞬間、グレーテルが後ろから魔女を一突きすると、魔女はかまどの中に落っこちました。すかさずグレーテルは扉を閉めてかんぬきをかけました。中からは身も凍るような叫び声が聞こえてきます。グレーテルは耳をふさいでそこから走り去りました。そしてヘンゼルが閉じ込められている小屋まで走っていくと、扉を開けて叫びました。

　「ヘンゼル！　私たち助かったのよ！　魔女は死んだわ！」

　二人はしっかり抱き合いました。あんまり幸せだったので、互いに手を取りあってぴょんぴょん跳ね回りました。それから、また魔女の家に向かいました。もう何も怖いものなどないのです。魔女の家の部屋の隅々には真珠や宝石の入った箱がありました。

　「小石よりずっときれいだね」ヘンゼルはそう言うと、真珠や宝石をポケットに詰め込むだけ詰め込みました。

　「私も少しだけもって帰りましょう」グレーテルも前掛けのポケット一杯に入れました。やがてヘンゼルが言いました。

　「さあ、もう行こう。この不吉な森を抜けだすんだ」

Als sie ein paar Stunden gegangen waren, gelangten sie an einen großen Fluss.

„Wir können nicht über den Fluss hinüber. Da gibt's keinen Steg und keine Brücke" sagte Hänsel.

„Hier fährt auch kein Schiffchen. Aber da schwimmt eine weiße Ente. Vielleicht hilft sie uns hinüber, wenn ich sie bitte" sagte Gretel. Dann rief sie der Ente zu:

„Entchen, Entchen, du nettes Entchen,
hier gibt's kein Steg und keine Brück.
Nimm uns auf deinen Rücken
und lass uns hinüber."

Die Ente kam schnell zu ihnen heran. Zuerst setzte sich Hänsel auf sie und wollte Gretel auch aufsitzen lassen.

„Nein, das geht nicht. Es wäre dem Entchen zu schwer. Es soll uns nacheinander hinüberbringen" antwortete Gretel.

音読の
つぼ

hinüber : hin と her は単独で、あるいは前置詞と結びついて分離動詞の前つづりになります。hin は話し手から離れていく方向を、her は接近する方向を表します。hinab, hinauf, hinunter, hinaus, heran, herauf, herunter など。前置詞 in と結びつく時は hinein, herein。アクセントは前置詞部分にあります。gibt's : gibt es の省略形です。「ギプツ」と発音します。

数時間歩いたときです。二人は大きな川に突き当たりました。

「これじゃあ渡れないね。小さな橋も大きな橋もかかってないもの」ヘンゼルが言いました。

「小舟も見当たらないわ。でもあそこに白いカモが泳いでいる。あたしがお願いしたら向こう岸に渡してくれるんじゃないかしら」

そこでグレーテルはカモに呼びかけました。

「カモさん、カモさん、親切なカモさん、
ここには小さな橋も大きな橋もないの。
あなたの背中に乗せて
川を渡らせてくださいな」

カモはすぐに来てくれました。先にヘンゼルが乗って、グレーテルをそばに座らせようとしました。

「だめよ、それじゃカモさんには重すぎるわ。一人ずつ渡してもらいましょう」グレーテルは答えました。

Das nette Entchen half ihnen unversehrt über den Fluss. Hänsel und Gretel gingen danach weiter. Da kam ihnen der Wald immer bekannter vor und endlich erblickten sie ihr Haus in der Ferne. Sie fingen an zu laufen, kamen gesprungen ins Haus hinein und fielen dem Vater um den Hals. Seitdem er die Kinder im Wald allein gelassen hatte, führte er ein unglückliches Leben. Die Stiefmutter war längst tot.

Gretel schüttelte ihre Schürze, aus der Perlen und Edelsteine fielen und auf dem Fußboden der Küche herumsprangen. Hänsel nahm auch eine Handvoll nach der anderen aus seiner Tasche heraus. Sie hatten keine Sorgen mehr. Hänsel, Gretel und ihr Vater lebten glücklich zusammen. Und wenn sie nicht gestorben sind, dann leben sie noch heute.

音読の
つぼ

eine Handvoll nach der anderen :「一掴み、また一掴みと」ひとまとまりとして読みましょう。

親切なカモのおかげで二人は無事、向こう岸に渡ることができました。二人はその後も歩き続けました。やがて森がだんだんと見覚えのある景色になり、ついに遠くの方に自分たちの家が見えてきました。ヘンゼルとグレーテルは走り出し、家に飛び込むと、お父さんの首に飛びつきました。お父さんは子どもたちを森に置き去りにしてからというもの、不幸な暮らしをしていたのです。継母はとうに死んでしまっていました。

　グレーテルが前掛けを振ると、真珠や宝石が台所の床の上にこぼれ落ちて飛び跳ねました。

　ヘンゼルもポケットの中の宝石をひとつかみ、またひとつかみと取り出しました。もう心配することは何もありません。ヘンゼルとグレーテルとお父さんは三人一緒に幸せに暮らしました。もし三人がまだ死んでいなかったら、きっとまだ生きていることでしょう。

① aus et.³ werden「〜から生じる、〜から変化して〜になる」

> Was soll aus uns werden? (p.108, 8行目)
> この先わしらはどうなるんだろう？

　直訳は「私たちから何が生じるのか？」。日本語ではausの後の名詞を主語にして、「〜が〜になる」と訳します。

　[例文] Aus diesem Plan wird nichts werden.
　　　　 この計画は実現しないだろう。

　　　　 Was wird daraus werden?　これはこの先どうなるんだろう？

② hin und her「あっちこっちへ、行ったり来たり」

> ..., den er an einem Baum gebunden hatte und den der Wind hin und her schlug. (p.114, 下から5行目)
> お父さんが木にくくり付けておいた枝が、風に吹かれて木にぶつかるたびに音をたてていたのです。

　hinはあちらへ、herはこちらへという意味の副詞。空間的にあちこちへ、というだけでなく、あれこれと考える、考えを巡らせるときにも使います。

　[例文] Er läuft unruhig im Zimmer hin und her.
　　　　 彼は落ち着きなく部屋を歩き回っている。

　　　　 Sie hat hin und her geschaut, um die Straße zu überqueren.　彼女は道を渡ろうとして、あたりを見回した。

③ **eine Unschuldsmiene aufsetzen** 「何食わぬ顔をす
る」

> **Sie setzte eine Unschuldsmiene auf und sagte:**
> （p.116、下から4行目）
>
> （継母は）それでも何食わぬ顔で二人に言いました。

eine Unschuldsmiene は「無垢の（無邪気な）表情」。aufsetzen は「積み上げ
る、上にのせる」──顔の上に、別の表情をのせるイメージです。他にも次のよう
な表現があります。

eine ernsthafte Miene aufsetzen	「真剣な顔つきをしてみせる」
eine strahlende Miene aufsetzen	「うれしそうな顔つきをする」
eine freundliche Miene aufsetzen	「愛想の良い顔をしてみせる」
mit freundlicher Miene	「親切そうな顔をして」

④ **mit et.³ fertig sein** 「〜を終えている」

> **Als es damit fertig war, ...** （p.122、6行目）
> 歌い終わると小鳥は……

fertig には「完成した、終わった」という意味の他に、「疲労困憊した」という意
味もあります。fix und fertig sein「くたくたに疲れた」

[例文] Bist du mit der Hausaufgabe schon fertig?
宿題はもう終わったの？

Sie ist mit den Nerven vollkommen fertig.
彼女は神経がすっかり参っている。

Er war total fix und fertig.　彼はくたくただった。

⑤ wie ~ / was auch（immer）mögen 「たとえどんなに ～しようと、たとえ何が～であろうと」

Ihm war nicht zu helfen, wie laut er auch weinen und schreien mochte.（p.128, 7行目）
ヘンゼルがどんなに泣き叫ぼうと、どうにもなりませんでした。

　mögen は話法の助動詞で、好みや容認、願望、推定などさまざまな用法があります。ここでは「たとえ～でも～だ」、という譲歩の意味で使われています。

［例文］Wie klug er auch sein mag, er wird das Rätsel nicht lösen können.
　　　　たとえ彼がどんなに賢くても、この謎を解くことはできないだろう。

　　　　Wie schlecht das Wetter auch sein mochte, er ging jeden Tag spazieren.　どんなに天気が悪くても、彼は毎日散歩した。

　　　　Was auch immer geschehen mag, wir geben nicht auf.
　　　　たとえ何が起ころうと、我々はあきらめない。

　　　　Was für Gründe wir auch immer haben mögen, wir tun so etwas nicht.
　　　　たとえどんな理由があっても、僕たちはそんなことはしない。

⑥ nichts（anders）als ~ 「～以外は～でない、～しかない、 全く～だ」

Dagegen erhielt Gretel nichts als Krebsschalen.
（p.130, 2行目）
反対にグレーテルはザリガニの殻しかもらえませんでした。

　nichts や niemand、kein などの否定詞 + als ～で、「～の他は何も（誰も）ない」、「～だけだ、～そのものだ」という意味になります。

［例文］Das ist nichts als Unsinn.　それは全くのナンセンスだ。

Er konnte nichts anderes tun als warten.
彼は待つことしかできなかった。

Es blieb mir nichts anderes übrig, als den Vorschlag
anzunehmen.　私はその条件を受け入れるしかなかった。

⑦ et.⁴ für ~ halten「～を～と見なす、判断する」

..., hielt sie das Knöchelchen immer für Hänsels Finger...
（p.130, 9行目）
（魔女は）その骨をてっきりヘンゼルの指だと思い込み、……

fürの後に形容詞や名詞をおいて、「あることが～だと思う、～だと判断する」という表現です。

［例文］Sie haben die Entscheidung für richtig gehalten.
彼らはその決定を正しいと判断した。

Hältst du die Methode für sicher?
君はその方法が確かだと思っているの？

Das muss man für ein Glück halten.
それは幸運と思わなきゃね。

⑧（im.）egal「（～にとって）どちらでもいい、重要でない」

Es ist egal, ob er fett oder mager ist.（p.130, 下から8行目）
ヘンゼルが太っていようがやせていようが、もうどっちでも構いやしない。

日常会話でもよく使う表現です。gleichgültig, unwichtigとも言えます。

［例文］„Welche Tasche möchtest du, die blaue oder die
schwarze?"　„Ist mir egal!"
「青と黒、どっちのバッグがいい？」「どっちでもいいよ！」

Es ist völlig egal, wohin er geht (wann er kommt).
彼がどこへ行こうと（いつ来ようと）一向にかまわない。

⑨ immer + 形容詞比較級「いっそう〜だ、ますます〜だ」

Da kam ihnen der Wald immer bekannter vor und...
（p.138, 2行目）

やがて森がだんだんと見覚えのある景色になり、……

　immer + 形容詞比較級で、「ますます〜になる、〜の程度が強くなる」という表現です。

immer höher　　「ますます高く」
immer weiter　　「どんどん先へ」
immer mehr　　「ますます多く」

　［例文］Im Alter wird meine Mutter immer schwieriger.
　　　　　年をとるにつれて母はどんどん気難しくなっている。

ドイツ人の名前あれこれ

　この物語の主人公の名前ヘンゼル（Hänsel）の元の形ハンス（Hans）は伝統的な男性の名前で、今でも中高年に多く見られます。ただあまりにも一般的で区別がつきにくいので、ハンス・ペーター（Hans-Peter）とかハンス・クラウス（Hans-Klaus）のようにダブルネーム（Doppelname, m.）にすることも珍しくありません。

　グレーテル（Gretel）の元の形はマルガレーテ（Margarete）です。ヘンゼル（Hänsel）と同じように縮小語尾の -el が付いています。

　聖書に出てくる人物の名前は、信仰とは関係なくドイツ人の名前として定着しています。ヘンゼルの元の形ハンスはヨハネス（Johannes）の短縮形です。ほかにも男の子だったらミヒャエル（Michael）、パウル（Paul）、シュテファン（Stephan / Stefan）、トビアス（Tobias）、女の子だったらエリーザベット（Elisabeth）、ハナ（Hanna）、マリア（Maria）など数え上げたら切りがありません。最近は外国の名前レオン（Leon）、フィオーナ（Fiona）なども人気です。

男＝男性名詞　女＝女性名詞　中＝中性名詞

A

- ☐ ab|bauen　採掘する、解体する、人員削減する
- ☐ Absicht　（女）意図、もくろみ
  mit ～　わざと、故意に
- ☐ ab|schlagen　切り落とす、撃退する
- ☐ ab|holen　迎えに行く、連れてくる、取りに行く
- ☐ Ahnung　（女）予感、予想
- ☐ anders　異なって、他の方法で
- ☐ anderswo　どこか別の場所で
- ☐ an|kommen　到着する
- ☐ an|ordnen　命令する
- ☐ Arbeit　（女）仕事
- ☐ sich ärgern über jn./et.⁴　～に腹を立てる、気を悪くする
- ☐ arm　貧しい
  armselig　貧しげな、みすぼらしい、みじめな、無価値な
- ☐ Armstuhl　（男）肘掛け椅子
- ☐ atmen　呼吸する
- ☐ Auge（中）目
- ☐ aufgeregt　興奮した、激した
- ☐ auf|heben　（倒れている人などを）助け起こす、拾い上げる
- ☐ auf|hören zu 不定詞/mit et.³ ～（すること）をやめる
- ☐ auf|machen　～を開ける
- ☐ auf|fressen　食べ尽くす、すっかり平らげる
- ☐ auf|hängen （et.⁴ an et.³ ～を～に）吊るす
- ☐ auf|passen auf et.⁴　～に注意する
- ☐ sich⁴ auf|richten　起き上がる、身を起こす
- ☐ Aufrichtigkeit　（女）正直、誠実、率直
- ☐ auf|schreien　叫ぶ
- ☐ aus|sehehn　～に見える
- ☐ auf und ab　上がったり下がったり

- ☐ Axt　（女）斧

B

- ☐ bald　まもなく、やがて
- ☐ Baumstamm　（男）Baum＋Stamm 木の幹
- ☐ Baumwurzel　（女）木の根っこ
- ☐ Bäuerin　（女）農婦
- ☐ befreien　解放する、自由にする
- ☐ begegnen jm.　～に出会う
- ☐ bekannt　なじみの、既知の、有名な
- ☐ Berg　（男）山
- ☐ begleiten　～に同行する
- ☐ begraben　埋葬する、葬る、埋める
- ☐ begrüßen　～にあいさつする、～を歓迎する
- ☐ bemerken　～に気づく
- ☐ Berggipfel　（男）山頂
- ☐ beschaffen　調達する、手に入れる
- ☐ beten　祈る
- ☐ betrügen　だます、欺く
- ☐ Bettwäsche　（女）シーツ、まくらカバーなど
- ☐ Beutel　（男）袋、財布
- ☐ bewachen　監視する、見張る、見守る、警護する
- ☐ Beweis　（男）証拠、証明
- ☐ bitterlich　激しく、ひどく、痛ましく
- ☐ blass　青白い
- ☐ Blick　（男）視線、まなざし
- ☐ bleiben　とどまる、～に居続ける
- ☐ bösartig　悪意のある、たちの悪い
- ☐ Braut　（女）花嫁
- ☐ bröckeln　細かく砕く、ちぎる
- ☐ Bröckchen　（中）（肉、パン、岩などの砕いたり、ちぎったりした）一片、かけら
- ☐ Brot　（中）パン js. tägliches Brot verdienen　～の生計を立てる
- ☐ Buchstabe　（男）文字、字体、字句
- ☐ bunte　色とりどりの

□ Burg （女）城

□ Busch （男）茂み、やぶ

D

□ Dach （中）屋根

□ daher それゆえに、だから

□ davon|laufen 走り去る、逃亡する

□ diesmal 今度は

□ dick 厚い、太った

□ Dorfleute （複）村人たち

□ Dorn （男）イバラ、とげ、針

□ dünn 薄い、やせた

□ dürr 干からびた、乾燥した、やせこけた

E

□ Ebenholz （中）黒檀

□ Edelfräulein （中）（未婚の）貴族の令嬢

□ ehrlich 正直な、まじめな、嘘偽りのない

□ Eifersucht （女）嫉妬、やきもち

□ eigen 自分の、自身の、特有の、固有の

□ einigermaßen いくらか、多少、ある程度

□ ein|laden 招待する

□ Eltern （複）両親

□ endlich ついに、最後には

□ sich⁴ entscheiden 決心する

□ Ente （女）カモ

□ entführen ～を誘拐する

□ entkomen jm./et.³ ～から逃れる、逃げおおせる

□ entzückt 魅惑された、うっとりした、夢中になって

□ sich⁴ jm. entgegen|stellen ～の前にたちはだかる

□ sich⁴ entscheiden 決心する

□ erreichen ～に届く、到達する

□ erschöpft 消耗した、疲れ切った

□ erstaunlich 驚くべき、不思議な、すばらしい、目ざましい

F

□ Falle （女）罠 in eine Falle geraten/gehen 罠にかかる

□ Fels （男）岩、岩盤

□ fest|halten et.⁴ ～をしっかりと持っている

□ Festmahl （中）祝宴、宴会

□ fett よく肥えた、脂肪の多い

□ Feuer （中）火

□ Fleisch （中）肉

□ Flügel （男）翼 mit den Flügeln schlagen 羽を広げる

□ fortan その後は、今後は

□ frech あつかましい、ずうずうしい、生意気な

□ sich⁴ freuen auf et.⁴ ～（これから起こることに関して）～を楽しみにする

□ Freude （女）喜び、うれしさ vor ～ うれしさのあまり

□ sich⁴ fühlen 自分が～であると感じる

□ furchtbar ひどい、こわい、恐ろしい

□ Fußboden （男）床

G

□ Gabel （女）フォーク

□ Gans （女）ガチョウ

□ Gedanke （男）考え、思考、思いつき、アイデア

□ geheim 秘密の

□ gehorchen jm. ～の命令、意志に従う、服従する

□ geizig けちな、貪欲な

□ gelassen 冷静な、落ち着き払った

□ Geplärr （中）泣きじゃくること（声）

□ Geschichte （女）物語、歴史

□ Geschick （中）巧みさ

□ Geschirrschrank （男）食器棚

□ Getrampel （中）足踏み、足を踏み鳴らす（して歩く）音

□ gewöhnlich 普通の、通常の、ありきたりの

- □ giftig　毒のある、憎悪のこもった
- □ Glanz　(男)輝き、光沢
- □ gläsern　ガラス(製)の、透明な
- □ glücklich　幸せな
- □ Gottheit　(女)神、偶像　(単数で)神たること、神性
- □ grausig　身の毛もよだつ、恐ろしい
- □ grauenhaft　ぞっとする、恐ろしい
- □ gutherzig　気立ての良い、善良な、同情心の厚い

H

- □ halbieren　半分にする
- □ Hals　(男)喉、首
- □ Harfe　(女)ハープ
- □ Haut　(女)肌
- □ heftig　激しい
- □ heiraten　結婚する
- □ heiß　暑い
- □ herab|stürzen　落下してくる
- □ heran|wachsen　成長する、成熟する
- □ heraus|finden　見つけ出す、探し出す
- □ herausfordernd　挑発的な、そそのかす
- □ herbei|locken　おびき寄せる、誘惑する
- □ Herrlichkeit　(女)華麗、すばらしさ、壮観
- □ herum|schnüffeln　あちこち嗅ぎ回る
- □ Herz　(中)心、心情　《2格-ens、3格-enとなるので注意》
- □ herzlich　心からの、まごころのこもった
- □ Hexe　(女)魔女
- □ Himmel　(男)空、天
- □ hinauf|blicken　見上げる
- □ hinüber|lassen　向こう側へ行かせて(渡らせて)やる
- □ Hirschkuh　(女)雌鹿
- □ Hochzeit　(女)結婚式
- □ Hof　(男)農場、農家、中庭
- □ holen　〜を持ってくる、買ってくる、連れてくる
- □ Hüfte　(女)腰、臀部

- □ Hund　(男)犬
- □ hüpfen　ぴょんぴょん飛ぶ、(はねながら)走り回る

I

- □ Idee　(女)考え、アイデア
- □ immer　いつも
- □ immer noch　相変わらず、いまだに
- □ sich⁴ irren　間違える、勘違いする

J

- □ Jäger　(男)猟師
- □ jammern　嘆き悲しむ、泣く
- □ jeden Tag　毎日
- □ jetzt　今　von jetzt an　今から
- □ Junge　(男)男の子、少年

K

- □ Kamin　(男)暖炉
- □ kapieren　理解する、わかる
- □ Karren　(男)荷車、荷馬車
- □ Kessel　(男)やかん、(大型の)料理鍋
- □ Kieselstein　(男)小石、砂利
- □ Klang　(男)(耳に快く鳴り響く)音、音響
- □ sich⁴ kleiden　〜の身なりをする
- □ klettern　(両手両足を使って)よじ登る、はい降りる
- □ klopfen an/auf et.⁴　〜をトントン打つ、ノックする
- □ klug　利口な、賢い、巧妙な
- □ knabbern　(カリカリ、ポリポリと)かじって食べる
- □ knüpfen　〜を結ぶ、結び合わせる
- □ knuspern　(カリカリ、ポリポリ)かじる
- □ kriegen　もらう、受け取る、獲得する
- □ Küche　(女)台所
- □ Kuh　(女)雌牛
- □ kurz　短い、近い、短時間の

L

- [ ] lachen　笑う
- [ ] lächeln　ほほえむ、微笑する
- [ ] langsam　ゆっくりと（した）、遅い
- [ ] längst　とうに、とっくの昔に
- [ ] langweilig　退屈な
- [ ] Laune　（女）機嫌、気分
  guter Laune sein　機嫌が良い
- [ ] Leber　（女）肝臓
- [ ] Leinen　（中）リネン、亜麻布
- [ ] Leiter　（女）はしご
- [ ] lieb|haben　jn.　～が好きである、～を愛している
- [ ] sich^3 die Lippen lecken　舌なめずりをする
- [ ] Loch　（中）穴
- [ ] Löffel　（男）スプーン
- [ ] Lüge　（女）嘘
- [ ] Lunge　（女）肺

M

- [ ] Mann　（男）男の人
- [ ] mannbar　結婚適齢の、年頃の
- [ ] mausen　盗む、ちょろまかす
- [ ] Mehl　（中）小麦粉
- [ ] Menschenfresser　（男）Menschen＋Fresser　人食い
- [ ] Messer　（中）ナイフ
- [ ] mindestens　少なくとも、最低でも
- [ ] Mitleid　（中）同情、思いやり、憐み
- [ ] Mittagessen　（中）昼食
- [ ] Mittagsschlaf　（男）昼寝
- [ ] Moment　（男）瞬間、時点
- [ ] Mondschein　（男）月光
- [ ] Morgendämmerung　（女）夜明け、薄明
- [ ] Müdigkeit　（女）疲労、眠気
- [ ] mühsam　骨の折れる、難儀な

N

- [ ] Nachbar　（男）隣人
- [ ] nacheinander　相前後して、順々に
- [ ] nach|folgen　jm./et.^{3} ～　～の後を追う、～に続く
- [ ] Nachmittag　（男）午後
- [ ] Nacht　（女）夜
- [ ] natürlich　もちろん、いうまでもなく
- [ ] Neid　（男）ねたみ、羨望
- [ ] neidisch　ねたんでいる、うらやまし気な
- [ ] nett　親切な、感じのいい
- [ ] Neugier　（女）好奇心、知識欲
  aus Neugier　好奇心にかられて
- [ ] Nuss　（女）くるみ、ナッツ

O

- [ ] obwohl　～だけれども
- [ ] ohnmächtig　無力な、なすすべもない、気絶した

P

- [ ] packen　～を（ぐいと）つかむ、（熱、激情が）襲う、とらえる
- [ ] passieren　事件、厄災などが）起こる、生じる　（jm.）～の身に起こる、降りかかる
- [ ] Pause　（女）休憩
  ohne Pause　休みなく
- [ ] Pfannkuchen　（男）パンケーキ
- [ ] plötzlich　突然
- [ ] Pracht　（女）華麗、きらびやかさ、豪華さ
- [ ] prächtig　立派な、みごとな、豪華な
- [ ] Prinz　（男）王子、皇子
- [ ] prusten　激しく息を吐く、ふうふういう
- [ ] pusten　息を吹きかける、息を切らす

R

- [ ] Ranke　（女）植物の蔓
- [ ] Rat　（男）忠告
- [ ] Regal　（中）棚、本棚
- [ ] Restknöchelchen　（中）食べ残りの小骨
- [ ] retten　救う、救助する、救出する
- [ ] riechen　匂いがする　nach et.^{3}（あるも

のの) 匂いがする

- □ riesig　巨大な、非常な、莫大な
- □ Ruhe　(女) 安らぎ、平穏、休息、休養

S

- □ Saal　(男) 広間、ホール
- □ saftig　汁気の多い、みずみずしい
- □ Sarg　(男) 棺
- □ sich⁴ schämen　恥じる
- □ Schatz　(男) 宝物
- □ schimpfen　罵る、ぐちをこぼす、悪口をいう、しかる
- □ schlau　ずる賢い
- □ schleudern an/auf et.⁴ ～　(力を込めて、弾みをつけて)～に投げつける、たたきつける
- □ Schloss　(中) 城
- □ schmecken　～の味がする、jm. ～　(～にとって)おいしい、口に合う
- □ schmeicheln　おべっかを使う、ごまをする、媚びる
- □ Schmerz　(男) 痛み
  vor Schmerzen　苦痛のあまり
- □ Seite　(女) 側面、わき、ページ
- □ sich⁴ schminken　化粧する
- □ sich⁴ schmücken　着飾る、おめかしする
- □ schmunzeln über et.⁴　～のことでにやにや笑う、ほくそえむ
- □ Schneeflocke　(女) 雪片
- □ Schornstein　(男) 煙突
- □ schrill　甲高い、けたたましい
- □ schroff　険しい、切り立った
- □ schützen　守る、保護する
- □ Schuppen　(男) 納屋、倉庫、物置小屋
- □ Schürzentasche　(女) エプロンのポケット
- □ schütteln　ゆさぶる、揺り動かす
- □ seufzen　ため息をつく
- □ sieden　煮え立つ、沸騰する、激昂する
- □ Silbermünze　(女) 銀貨

- □ Sinn　(男) 知覚、感覚、考え、意識、意味、意義
- □ sogenannt　いわゆる
- □ solange　～している間は、している限り
- □ solide　頑丈な、丈夫な
- □ Sorge　(女) 心配、懸念、世話、配慮
- □ Spitze　(女) 先端、頂き
- □ Stall　(男) 家畜小屋、厩舎
- □ stechen jn. in et.⁴　～の～を刺す
- □ stehen|bleiben　立ち止まっている、動かなくなっている
- □ steinalt　ひどく年をとった
- □ Steg　(男) 小橋、歩行板
- □ Stiefmutter　(女) 継母
- □ stolpern über et.⁴～　～につまずく、よろよろ歩く
- □ stoßen auf jn./et.⁴　～に偶然出くわす、遭遇する
- □ streuen　まく、まき散らす
- □ süß　甘い

T

- □ täglich　毎日の、日々の
- □ Tagtraum　(男) 白昼夢
- □ Teig　(男) (パン、ケーキなどの)生地、こね粉
- □ Teller　(男) 皿
- □ tief　深い
- □ Tier　(中) 動物
- □ Träne　(女) 涙　unter Tränen　涙ながらに
- □ träumerisch　夢見がちな、夢見心地の
- □ traurig　悲しい
- □ trösten　慰める、安心させる

U

- □ überfallen　(感情などが)～を襲う、圧倒する
- □ überlassen　譲渡する、売る
- □ überreden　説得する、説き伏せる
- □ Ufer　(中) (海、湖、川などの)岸、浜、浜辺

- □ um|fallen　転倒する、倒れる
- □ umsonst　むだに、無料で、ただで
- □ Unkraut　(中)雑草
- □ Unschuldsmiene　(女)何食わぬ顔
- □ Untertan　(男)家臣
- □ unterwegs　途中で
- □ unversehrt　無傷の、けがのない
- □ unverwandt　目がそらされない、じっと注がれた

V

- □ verbogen　曲がった、ゆがんだ
- □ sich⁴ verbreiten　(世間に)広まる、広く伝わる、流布する
- □ verdienen　(働いた報酬として)得る、稼ぐ、もうける
- □ vergebens　むだに、無益に
- □ verlieren　失う、なくす、見失う、落とす
- □ verschwinden　姿を消す、見えなくなる、消滅する
- □ Versprechen　(名)約束
- □ versuchen　～を試みる、努力する
- □ verzweifelt　絶望した、必死の
- □ vielleicht　ひょっとすると、もしかすると
- □ Vogelkäfig　(男)鳥かご
- □ voll von ～　～で一杯の
- □ vorher　その前に、それより先に、あらかじめ
- □ vor|kommen jm.　～にとって～のように思われる、～の身に起こる
- □ vorsichtig　慎重に、注意深く

W

- □ wachsen　成長する
- □ während　～の間
- □ Wahrheit　(女)真実
- □ Wald　(男)森
- □ warnen　警告する jn. vor et.³ ～に～をしないように警告する
- □ warten 待つ　auf jn./et.⁴ ～を待つ

- □ weich　柔らかい
- □ weigern　拒否する、断る
- □ Weile　(女)(少しの)時間
- □ weinen　泣く
- □ Welt(女)　世界
- □ Werkzeug　(中)道具、工具、器具
- □ widerstehen jm./et.³ ～に逆らう、反抗する
- □ wie immer　いつもどおり
- □ willkürlich　横暴な、身勝手な、任意の
- □ wissen et.⁴ ～を知っている von et.³ ～についてわかっている、承知している
- □ wittern　嗅ぎつける、気配を感じとる
- □ Witz　(男)冗談、しゃれ、機知、ウィット
- □ Wunde　(女)傷

Z

- □ Zauberbohne　(女)魔法の豆
- □ Zeit　(女)時間
- □ Ziegel　(男)れんが
- □ zittern　(小刻みに)震える、わななく
- □ Zögern　(中)ためらい、躊躇、しりごみ
- □ zu|laufen auf jm./et.³ ～に向かって走る
- □ zuerst　まず第一に、何よりもまず
- □ zufrieden　満ち足りて幸せな、充足した mit jm./et.³ ～に満足している
- □ Zügel　(男)手綱
- □ zukünftig　未来の、将来の
- □ zurück|holen et.⁴ ～を取り戻す jn. ～を連れ戻す
- □ zusammen|fallen　崩れ落ちる、崩壊する
- □ zusammen|leben　一緒に暮らす
- □ Zweifel　(男)疑念、疑惑、不信の念
- □ Zwerg　(男)小びと

Volksmärchen aus Europa
ドイツ語で楽しむ世界昔ばなし

2016年8月9日　第1刷発行

ドイツ語訳・解説　小山田裕子

発 行 者　浦　　晋亮
発 行 所　IBCパブリッシング株式会社
　　　　　〒162-0804 東京都新宿区中里町29番3号 菱秀神楽坂ビル9F
　　　　　Tel. 03-3513-4511 Fax. 03-3513-4512
　　　　　www.ibcpub.co.jp

印 刷 所　株式会社シナノパブリッシングプレス

ISBN978-4-7946-0491-0